「強み」を活かして顧客をつかむ！

あなたにもできる

税理士のためのセルフブランディング実践ブック

税理士
内田 敦［著］

第一法規

はじめに

◆営業できるか不安

税理士試験の受験生であったときから漠然と「独立したいな」と思っていました。当時はできれば独立したいなと思う程度で強く考えていたわけではありません。

独立したい理由も明確ではありませんでした。

楽しそう、勤務が面倒、自由にできる、など当時は簡単に考えていたように思います。

私はどこかに勤めることが苦手で苦痛でした。長く勤務できたことがなく、一番長く勤務できた事務所でも5年くらいです。3か月で辞めたところもあります。5年勤務した事務所は当初、所長を含め、全員で3人でした。ひとりになる時間が多かったので続くことができたのかもしれません。転職を繰り返し、まったく落ち着くことがありませんでした。

転職する理由は

- 人付き合いが嫌
- 所長が嫌

・仕事内容が嫌
・税理士試験の受験生がいなくてゆるい雰囲気が嫌
など様々です。

振り返ってみると給与が不満で辞めたことはありません。給与よりも嫌だと思うことが強くあったのです。

結局、税理士試験に合格してから、実際に独立するまで5年くらいかかりました。

◆税理士は営業しなくていいと思っていた

合格してすぐ独立した方がタイミングとしてはよかったかなと思います。独立まで5年もかかった理由はやはり転職を繰り返していたからです。独立する勇気もなく、何がやりたいのかもハッキリせずフラフラしている状態でした。

税理士資格を取得し、何でもできるようになったことで、逆になにをするかを決めることが難しくなっていたのです。独立する勇気がなかったのは、営業に不安があったからです。

私は大学を卒業して新卒で入った会社を1年足らずで辞めました。理由は営業が嫌だったからです。

新卒で自動車業界の企業に入社し、日々営業をしていました。とにかく毎日毎日営業。営業成績によってすべて評価されるのです。その会社は元気のいい体育会系のような会社でした。毎朝8時に出勤し、退社するのは26時（翌日の2時）など。ひと月の休日が1日だけのときもありました。今であれば間違いなくブラック企業と言われてしまうでしょう。

勤務時間が長い・休日がないのも大変でしたが、何よりも上司から常に営業成績を求められることが嫌でした。

それが嫌で退職。

税理士試験を受けることにしたのは、友人が国家試験を受けていたことに影響されたこともありますが、一番の理由は「税理士なら営業しなくていい」と思い込んでいたからです。

税理士のことをよく知らずに試験勉強を始めました。勉強中も営業についてはまったく考えておらず、資格を取ればどうにかなると思っていたのです。

資格を取り、いざ独立できるとなったときに初めて営業の問題にあたりました。

一体どうやって営業すればいいのか。どうやって仕事をとればいいのか。

まったくわかりませんでした。営業に対する不安が出てきたのです。

開業資金をどうするかの問題もありましたが、一番の悩みは営業でした。

私と同じように営業に不安を感じて独立開業に踏み切れない税理士も多いのではないでしょうか。私はブログを始めたことによってその不安を和らげることができ、食べていけるようになりました。

独立したきっかけは勤めていた事務所の所長と考えが合わなくなり、急に退職が決まったことです。1月中旬に所長と話し合い、1月末で退職。2月1日に独立しました。準備期間などほとんどなく、パソコンや税務ソフトなど何もない状態です。

当然、お客様を引き継げることもなく、まったくのゼロからの独立となりました。

営業が苦手で不安に感じていたのに勢いで独立できたのはブログの存在があったからです。

私は勤務時代からブログを始めており、退職するときには1年半くらい続けることができていました。当時はブログの広告収入がそれなりにあったことも精神的な助けになりました。当時のブログ運営は営業という点ではまったくダメでしたが（それに気づいていませんでした）、それなりにアクセス数もあり、記事を書くことに慣れていたので何とかなるだろうと思えたのです。独立前の方法ではまったくダメでしたので、独立後にいろいろと試行錯誤していたところＷＥＢからの営業だけで仕事の依頼をいただくことができるようになってきました。

すべてが正しいとは限りませんが、営業が苦手な私がやってきた内容を紹介します。

目　次

第3章　どうやって専門特化するのか

第4章　ブログを活用したブランディング

第1章

ブランディングとは何か？

1 ブランディングの一般的なイメージ

まず、どうやって「営業」するのかを考えるうえで意識するべきなのは「ブランディング」です。

ブランドと聞くと「高そう」、「すごい」といったイメージがあります。ブランドが必要なのは大企業だけでは？　と考えている人もいるでしょう。私もそうでした。

個人がブランディングをする必要はないし「難しそう」、「お金がかかる」、「自分には関係ない」と考えていたのです。

独立してすぐはどうやって営業していくかを常に考えてはいてもブランディングについて検討することはありませんでした。営業の参考になる本を探しに書店に行くことがあってもブランディングに興味を持ったことはありません。

営業を意識していたのにたくさん並んでいるブランディングに関する本を手に取ったことはありませんでした。その私がこのような本を執筆しているのは不思議な感覚です。

当時は意図していたわけでなかったのですが、結果として私がやっていた営業の方法でブランディングができていたようです。

◆ブランド力があると

ブランド力があればより売れるようになることは間違いないでしょう。

よく知っている企業の商品とまったく知らない企業の商品の２つがあったらよく知っている企業の商品を買う人が多いでしょう。

先日、自宅の電球が切れたので買いに行きパナソニックの商品を買いました。商品棚にはもっと安い別の商品があったのですが、聞いたことがなく知らない会社の商品であったためパナソニックを選びました。

別の日には、カフェで仕事をしようと思ってスターバックスに入りました。近くに他のカフェもあったのですが落ち着いて仕事をしたかったのでスターバックスを選びました。他のカフェも嫌ではないのですが、パソコンを開いて仕事をすることを考えるとスターバックスの方がやりやすいと思ったのです。

普段の生活では強く意識していないのですが、こういったところでブランド力が影響しているといえるでしょう。

電球の性能はどの会社のものであってもそれほど変わらないと思われます。それでも多少値段が高くても知っている会社の製品を買ってしまいます。

スターバックスでも他のカフェでもどちらでも珈琲を飲むことはできます。両方とも電源やWi-Fiなどもあり一人席がある店舗もあります。どちらでもパソコンを使っての仕事はできるはずですが、何となくのイメージでスターバックスを選んでしまう。

このように意識していないところでも評価されていることがブランドといえるでしょう。

私はカフェで使うパソコンといえばAppleのMacbook Airをイメージします。シンプルなもの、無駄がないものでイメージされる商品があるのは無印良品。美味しいチョコレートといえばゴディバ。これらもその会社のブランド力といえるでしょう。

品質に信頼があることが前提ではありますが、「○○といえば○○」と連想されることがブランドといえます。

「よく知られている」ことがブランド力です。よく知っていることに価値を感じるから選ぶわけです。価値は信頼ともいえます。

個人が行うブランディングとして「セルフブランディング」もよく聞きます。個人が自分自身をブランド化することです。自分をブランド化できれば選ばれるようになり、仕事の獲得がしやすくなるでしょう。ですが、一般的にセルフブランディングは特別なスキルや経験がないとできないものであると思われています。

◆価格競争を避ける

勤務時代の税理士事務所でいつも悩まされていたのが報酬金額です。常にお客様と交渉していた記憶があります。毎月の顧問料や決算料をいくらにするのか、報酬の回収についてはどの事務所でも悩まれるのではないでしょうか。

私が勤務していた事務所では一応、定価はありました。

事業規模や記帳代行の有無、訪問頻度などによって時間をかけて細かく料金表を作成していました。作成した料金表をもとに顧問料などを請求しようとしていました。

ですが、なかなか料金表通りには契約が取れていなかったのが実態です。変則的な体系の契約が多く、料金表通りに契約できていたところの方が少なかったかもしれません。

値引き要請が多く、値引きしないと契約できない状況でした。

仕事量と報酬が釣り合っておらず、従業員からの不満が高まり、事務所内の雰囲気も悪く離職率も高まっていました。値引きによる契約により悪循環になっていたのです。

「あなたにお願いしたい」と言われるようになれば値引きする必要はなくなります。ルイヴィトンは値引きをせずブランド力を維持していると聞きます。税理士がルイヴィトンのような対応をするのは難しいかもしれませんが、この考え方は真似したいものです。

価格競争でようやく獲得したお客様がいつ去るかわかりません。単純に値段だけで選ばれているなら、より安いところが出てくればすぐにそちらに移ってしまうでしょう。

よく「WEBからのお客様はすぐ解約になる」と聞くことがあります。おそらくこれは価格だけを見て税理士をコロコロ変えているからでしょう。より低価格なところがあれば躊躇なくそちらに移ってしまうのです。

価格以外に引き付けるものがないのですぐ移られてしまうのですね。

それを防ぐために「強み＝ブランド力」が必要なのです。

◆税理士にもブランディングが必要

税理士資格を取ってから驚いたことのひとつは「税理士」というだけである程度信頼してもらえることです。様々なシーンで税理士資格を取得する前と後で社会的な信用力が高くなったことを実感しました。

会社を辞めたら肩書がない、何の後ろ盾もないから大変だとよく聞きます。確かにそうだと思いますが、税理士は名刺に「税理士」とあるだけで相手のとらえ方がかなり変わります。ただ「内田です」というのと「税理士の内田です」ではまったく違うのです。

「税理士」というだけでひとつのブランドになっているのでしょう。ただ、それはあくまで一般的な話であって税理士のなかに入ってしまえば通用しません。

税理士が2人いた場合にどちらの税理士に相談するかを考えたときに「税理士であること」は決め手になりません。同じ「税理士」である場合にはそれ以外の部分で比べられることになります。独立したばかりの税理士とベテラン税理士が同じ土俵で比べられるわけです。

同じ条件下で選ばれたのであればそれがブランド力といえるでしょう。ベテラン税理士を選ぶのは知識、経験に価値を感じたからかもしれません。若手税理士を選ぶのはフットワーク力、熱意に魅力を感じたのかもしれません。

何かしらの価値を感じてもらう必要があるわけです。約8万人いる税理士のなかから選んでもらうためにはそれなりの理由が必要です。何もせずに仕事の依頼が来ることはないでしょう。

ですが、税理士も「○○といえば○○税理士」と言われれば営業しやすくなるのは間違いありません。

独立する税理士が増え、競争相手が増えたことで価格競争が激しくなっているのは事実です。価格競争はしない方がいいのは間違いありません。

今後はますます価格競争に巻き込まれずに仕事を獲得していく力が必要となってきます。

高価格=ブランドではない

価格競争は避けたいと考える人が多いでしょう。値下げはしたくない、低価格では受けたくないと考えます。

ですが、ブランドがすべて高価格というわけでもありません。低価格であることがブランドとなることもあります。

スーパーのプライベートブランドなどがそうです。低価格でありながら品質は他の商品と変わらない。低価格を売りにしているのです。

同じように税理士でも低価格を売りにすることができるかもしれません。

先ほど述べたように値下げして仕事を受けると悪循環になってしまうおそれもあるのですが、もともとの定価を低価格に設定し、それをもとに上手く運営できるのであればブランドにできるでしょう。

ただ低価格なだけでは他の税理士に移られてしまう可能性が高いですが、それを見越したうえでどんどん新規の仕事を取れればそれがひとつのブランドとなるでしょう。

◆紹介

税理士がお客様を獲得する方法として有力なのが紹介です。既存のお客様や他士業からの紹介は欠かせないものと思われています。何か「強み＝ブランド」となるものがあれば紹介してもらいやすくなるのは間違いないでしょう。

「相続に強い」といった強みがあれば、同じように相続に困っている知人などを紹介してもらえる可能性が高くなります。紹介する側も「あの税理士は相続に強いから」と紹介しやすいでしょう。

自分で営業をしなくてもお客様が勝手に宣伝をしてくれているようなものです。これは非常にありがたいものです。

私も紹介をいただくことがあります。

以前に税務調査の依頼をいただいた方から「同業者に税務署から連絡が来たから対応してく

れないか？」と言われたことが何度かあります。

紹介の場合はすでに私のことを知ってくれていますので、非常にスムーズに話を進めることができますからありがたいです。

ただ、紹介が必ずしもいいわけではありません。なぜかというと、そのお客様とはよい関係が続いていたとしてもお客様の知人ともよい関係が築けるとは限らないからです。

純粋にあなたの強みを求めて来てくれているのであれば、合わない可能性を減らせるでしょう。

税理士の営業に欠かせない紹介についてもブランド力があった方がいいのは間違いありません。

2 一般的な税理士のイメージ

税理士の一般的なイメージを考えたときにあまりいい印象はないのかなと思います。社会的な信用力はある程度あるかもしれませんが、仕事を依頼しようとしている人からみると、頭がかたい・怒る・怒鳴る・怖い・相談しにくい・決算や確定申告のときだけ連絡が来る、などよい印象はなかなかないように思われます。

もちろんそれがすべてではありませんが、普段、税理士とかかわりのない人からみた税理士のイメージはこのようなものではないでしょうか。

最近はYouTubeやＳＮＳで積極的に発信している税理士が増えてきて、税理士が世間の方々の目に触れるようになってきました。

怖い・怒られるといったイメージは少しずつ変わっているのかもしれません。

私はブログやホームページで発信を続けています。問い合わせをいただいてからよく聞くのは「税理士さんに依頼するのは勇気が必要でした」、「ハードルが高くて」といった言葉です。

ブログ等で専門用語を使わず、なるべくわかりやすく、親しみを持ってもらえるようにしているつもりであってもまだまだ「ハードルが高い」と思われているのです。

私は「先生」と呼ばれることにいまだに抵抗があります。私自身が「先生」といった言葉には偉いという意味があるような気がしてしまうからです。

自信がない態度では信用してもらえないでしょうけれど、自分が「先生」と呼ばれることには慣れません。

自信を持つのはよいかと思いますが、「自分は先生だ」という態度では偉そうだと思われてしまいかねません。たとえ、そのようなつもりがなかったとしても、一般的には相談の依頼をするにはハードルが高いと思われていることは自覚しておく必要があります。

3 税理士の仕事はイメージしやすいけれど

税理士が恵まれていることのひとつは仕事がイメージしやすいことです。今まで税理士とかかわったことのない人であっても税理士の仕事はイメージできるでしょう。どのようなときに税理士に相談すべきかをイメージしやすいのは税理士側からすればメリットです。自分の商売を詳細に説明しなくてもいいわけですから、あまりこういった商売はないのではないでしょうか。

腕があれば売れる?

自分の商売を詳細に説明しなくてもお客様がイメージしやすいこともあり、税理士業界では自分から営業することはあまりありません。知識や経験があればお客様が来てくれると考えている税理士が非常に多いのです。私は独立前に7か所の税理士事務所で勤務しました。どの税理士事務所も積極的に営業をしていたとはいえません。もっと売上を増やしたい、顧問契約を増やしたいと考えているのに自分から積極的に営業はしていないのです。それは腕があればお客様がついてくると考えているからです。

資格だけではダメだと思うので腕を磨く

税理士資格を取って終わりではなく、ずっと勉強が必要であることはよくいわれることです。勉強だけでなく仕事の腕を磨くことも必要です。

税理士同士であれば、どの程度の腕があるのかは何となく想像できるかもしれません。勤務先や経験年数からどの程度の仕事ができるのか想像できることもあります。しかしお客様はそうではありません。お客様はその税理士の腕がいいのかどうかは判断できません。

私自身も知識があれば仕事を取れると考えてしまっていたことがあります。勤務時代の事務所内で従業員が作成した書類のチェックをする立場であったことからある程度の知識があると思ってしまっていたのです。小さい事務所のなかだけの話だったので実際には大したことのない知識量だったのですが、問題はそこではなく、知識があれば仕事が取れると思ってしまっていたことです。

大切なのはお客様目線で考えることです。お客様が税理士の腕を判断するのは簡単ではないのです。税理士の仕事はイメージできても、その税理士の腕までは判断できません。仮にどの程度の腕かがわかったとしてもそれだけでは仕事の獲得は難しいです。

「相続専門として20年携わってきた」と聞けば相続についてはかなり詳しく仕事ができるだろうと予想できます。お客様も一定の評価をしてくれるかもしれません。

ですが、先ほど述べたようにそれだけでは仕事の獲得は難しいです。

他にも同じような税理士がいるからです。同じように相続専門として経験を積んできた税理士がいるかもしれません。

もし、その税理士が経験15年だったらどうでしょうか？

20年と15年の経験。5年の差がお客様にどう判断されるか。これが20年と10年の経験の差だと2倍の差があるので20年の方が信頼されそうです。ですが、10年の税理士の営業がすごく上手であればいかがでしょうか？

ブログやホームページが綺麗に作られていて、検索すると上位に表示されている、YouTube

にも力を入れていて営業が上手だとしたら10年の税理士を選ぶかもしれません。

いくら経験豊富で腕に自信があったとしても、それだけで選ばれないことは知っておきましょう。

「腕があれば売れる」と同じで資格があれば大丈夫だと考えている人もいます。先ほど書いたように税理士というだけで信用力が高まるのは間違いありません。しかし信用力があるからといってそれだけで選ばれる理由にはなりません。

逆にいうと、経験が浅く、そこまで仕事の腕がなくてもやり方次第では仕事を獲得できる可能性があるということです。お客様に満足した仕事を提供できるかどうかは別として、仕事の獲得という点では経験が浅くてもベテラン税理士に勝てるのです。

◆選ばれるために営業は必要

では選ばれるためには何が必要か？　それはやはり営業です。いくら腕や経験があっても営業しないと仕事を取ることはできません。

これは私のイメージですが、税理士は営業が苦手なケースが多いように感じます。実際に営業が苦手だから税理士になったというケースもあります。

「税理士になれば営業しなくても仕事が来る」

独立した今から振り返ると相当に甘い考えでした。営業をしなければ誰にも知ってもらえませんし、仕事の依頼が来ることもありません。独立開業して看板を掲げれば勝手に仕事が舞い込んでくるなんてことはないのです。営業が苦手なんて言っていられないのです。

営業が苦手な私にとってはある意味では税理士試験よりも大変に感じていました。

◆3年は食べていけない？

私は独立する前に、すでに独立している税理士の本やブログを読み漁っていました。そこで繰り返し目にしたのは「しばらくは食べていけない」です。

税理士関連に限らずフリーランスの開業に関する本などを読むと「3年は我慢」、「3年は食べていけない」と書かれています。

これは本当でしょうか？

WEBやSNS上では様々な情報が飛び交っています。「3か月で月商〇〇〇万円」などを見かけることがあります。SNS上で見かけるのは大成功しているケースが多く、実態はそんなに成功している人は少ないはずです。お客様の引継ぎがあるならともかく、何もないゼロからのスタートでそんなに早くから仕事を獲得するのは至難の業です。

それが顧問料のいいところでもあり悪いところでもあります。

税理士の主な収入源である顧問料は積み上げですから、一気に売上を上げることは難しいのです。

稀にＳＮＳで「半年経っても売上がわずか」、「1年経ってもアルバイトしている」、「貯金が減ってきてものすごく不安」といった情報を見かけることがあります。

おそらくこちらの方が数としては多いはずです。

ＳＮＳなどに投稿しにくい内容であるため目にする機会が少ないだけで実態は多いはずです。

独立前にこのような情報を見てしまうと不安になります。確かに顧問先を引き継げるようなことがなければ最初から食べていくことはできないでしょう。

ですが、どの程度の期間で食べていけるようになるのかは自分次第です。

私も実際に見たケースでは本当に3年くらいかかったケース、もっと長くかかったケース、3か月だったケースなど様々なケースを見聞きしたことがあります。

私の場合は半年くらいかかりました。

徐々に貯金が減っていく恐怖も味わいました。

「このまま行けばあと何か月でお金がなくなる」と常に考えていました。

税理士として食べていけるようになるまではアルバイトをする覚悟もしていました。

結果、やらずに済みました。

半年で仕事の依頼が増えてきたのは知らず知らずでも自分をブランド化できていたからだと思います。当時はブランド化することなど考えておらず、日々必死にブログやホームページを更新していただけでした。

戦略など何も考えずにそのときの思いつきで大きな方針転換をするなど、まったく計画性がありませんでした。

結果としてそれがよかったのでしょう。あれこれ考えてしまっていたら動けずにそのままお金が尽きてしまっていたかもしれません。

◆参考にするのは当然

先に独立している先輩税理士のやり方を参考にするのは当然です。

上手くいった方法、よくなかったやり方を自分で参考にしながら取り入れていくのです。

私も先に独立している税理士が発信しているブログや本が非常に参考になりました。

もちろん自分には合わない方法やできないなと思うものもありました。すべてを取り入れられるわけではありませんでしたが、それでも得ることができるものは大きかったです。

私は独立して7年目です。もっともっと長い期間活動されている税理士がいます。それでも私がやってきた営業方法を公開することで何かしらの参考になる部分があれば嬉しいです。

3年食べていけないかどうかは自分次第です。

食べていくための方法としてセルフブランディングがひとつの方法であり、自身をブランド化できる期間が短ければそれだけ早く食べていけるようになるでしょう。

第2章

税理士が専門特化するべきなのか？

1 お客様から選ばれるため・自分の人生を選ぶため

営業の重要性については第1章で述べました。この章では「専門特化」することについて述べていきます。

「専門特化」されている開業税理士はたくさんいます。

思いつくところですと

- 相続専門
- 医療専門
- 海外税務専門
- 資金繰り専門
- 仮想通貨専門
- 税務調査専門

などいろいろあります。もちろん他にもたくさんあるでしょうし、細かく分ければ非常にたくさんの種類があると思われます。

専門特化している理由はそれぞれいろいろとあるでしょう。

「税理士」というだけで税金の専門家であることは間違いありません。そこからさらに特化する必要があるのか？

ＡＩで仕事がなくなる業種として挙げられることが多い税理士。

確かにＡＩが進歩することによってなくなる仕事もあるでしょうが、なくならない仕事もあるはずです。なくならない仕事に対応できる知識や経験は誰もが積む必要があるでしょう。

ただ税金に詳しいというだけでは食べていけなくなるかもしれません。

◆専門特化しないことも

専門特化せずに何でもこなす街の税理士を目指すのもひとつの方法です。

税理士は絶対に専門特化すべきだとは思いませんし、専門特化しないとダメだとも考えていません。お客様側からすればひとつの事務所ですべての悩みが完結するのであれば心強いでしょう。

私が専門特化した方がよいと考えているのは、あくまで仕事を獲得するための営業面についてです。私自身が中小企業を対象とした街の税理士を目指して上手くいかず、専門特化することで活路を見いだしました。街の税理士として何でもこなすことができてお客様を獲得することができればよかったのですが、できませんでした。

ただ、最近は相談内容によって依頼する税理士を変えるケースが増えていることも知っておきましょう。

街の税理士を目指して上手くいかない場合には専門特化するのもひとつの方法です。

何でもできるが何にもできないにならないようにしなければいけません。

2 なぜ専門特化したのか？

私が専門特化した理由は先ほど述べたように当初の営業が上手くいかなかったからです。

現在、私は個人事業者の税務調査専門として活動しています。最初から税務調査専門として活動していたわけではありません。

独立した当初は個人ではなく、中小企業をターゲットとして営業活動しており、中小企業の顧問契約を獲得するために頑張っていました。中小企業をターゲットとしていたのは単純に勤務時代に経験していたのが中小企業の税務ばかりだったからです。そのため、独立後は中小企業をターゲットとしてワンストップサービスを考えていたこともあります。

そこから専門特化に方向転換した理由は単純に仕事の獲得ができなかったからです。中小企業の顧問契約を獲得するために法人の税務に関する情報を発信し続けていたのですが、まったく成果が出ませんでした。必死にホームページ等で発信していたにもかかわらずまったく仕事につながらなかったのです。

しばらく経って、ようやく少しずつ法人から税務相談などの依頼が入ってくるようになりましたが、仕事は単発でとても食べていけるだけの仕事量ではありません。このままではマズイと思い、何かを変えなければと考えていたところで専門特化することを考えたのです。もし順調に中小企業の顧問契約を獲得できていたら専門特化することはなかったでしょう。

専門特化したのは単純に仕事を取ることができなかったからです。

◆専門特化を思いついた理由

私は独立前からずっとひとりで活動していこうと考えていました。人付き合いが苦手だったこともあり、従業員を雇うことをまったくイメージできなかったからです。

やってみなければわからないことではありますが、私には人を雇うセンスはないと思っています。

勤務時代に短い期間ですが、中間管理職のような立場にいたことがあります。パートさんにその日の仕事を割り振るのですが、これが本当に大変で嫌でした。仕事をお願いする、振ることができなかったのです。

自分でやった方が早いからということではなく、何かを人にお願いすることができませんでした。開業して人を雇ったとしても上手くいかないだろうなということがわかっていたのです。

ひとりで活動していくとなると組織的な力は使えません。ひとりで活動している税理士がどうやって仕事を獲得していくか？　を考えたときに何かに尖っている必要があると思ったのです。そのときに思い出したのが漫画のゴルゴ13です。

私は漫画のゴルゴ13が好きです。凄腕のスナイパーが神業で任務をこなしていく漫画です。

- 報酬は桁外れに高額。
- 連絡が取りにくい。
- 自分に合わない仕事は受けない。
- それなのに依頼が途切れない。

漫画の世界なので現実で考えるべきではないのかもしれません。

ですが、もしゴルゴ13のような仕事の受け方ができれば最高です。すべてを真似するのは無理だとしても、何かしら少しでもゴルゴ13と同じようなことができれば仕事が取れるのではないかと考えました。

そこで思いついたのが、私にしかできない仕事を作ることです。

そもそも私にしかできないのであれば、競争相手がいないわけですから、仕事の依頼が来るはずです。

もちろん現実的には「ひとりだけ」はありません。自分しかやっていない仕事を作るのは難しいことです。やっているのが自分ひとりでなかったとしても、やっている人が少なければチャンスがあると考えました。

相続税の申告を受けている税理士は全国にたくさんいますが、近所に対応している税理士がいなければチャンスになります。○○市でひとりしかいなければ、○○市近辺の相続についての仕事を受けることができるようになるかもしれません。

このようにやっている人が少ないことをやればいいのではないかと考えたのが専門特化するきっかけでした。

◆交流会に参加したけれど

独立してから一度だけ士業交流会に参加したことがあります。もともと人付き合いが苦手なこともあり、交流会に参加するのも嫌でした。

ですが、営業のためと割り切って参加してみたことがあります。

独立前にも交流会に参加したことがあります。定期的に開催されている朝食会に所長の代理として参加しました。その朝食会はあくまで代理での参加だったのでそこまで嫌だとは感じていませんでしたが、とにかく営業色が強く圧倒されてしまった記憶があります。

士業交流会ならそこまで営業色が強くないだろうとは思っていました。そこで名刺交換した他士業の方と何度かお会いし連絡も取りあっていましたが、仕事につながることはありませんでした。

営業が苦手な私にとって士業交流会で仕事を獲得するのは並大抵のことではありませんでした。自分から積極的に話すこともできないからです。

何より困ったのが「何に力を入れているのですか?」、「どんな仕事をお願いできますか?」と聞かれたときに明確に答えることができなかったことです。

中小企業のことなら何でも大丈夫です、と答えていたような気がしますが、それではおそらく誰の印象にも残らなかったと思います。

交流会に参加している税理士は私だけではなく他に何人もいました。その数人の税理士のなかで印象に残ってもらわないと仕事の依頼をするような関係にはなれないでしょう。

その士業交流会で会った行政書士の先生は今でも記憶に残っています。その行政書士の先生は女性で前職は警察官だったとか。

警察官の経験を活かして不正を許さない行政書士として活動されていたように記憶しています。今では連絡を取っていないのですが、インパクトがあったので覚えています。

他にも行政書士、社会保険労務士、弁護士などいろいろな方と名刺交換しましたが覚えていません。何かしら特徴がないと覚えていないのです。

何か「これに強い」、「こんなことで役に立てる」といった特徴が必要だと感じたことも専門特化したことにつながっています。

◆広告に頼りたくなかった

専門特化した理由のひとつに広告に頼りたくなかったということもあります。

広告は一定の効果があるでしょうが、広告費を使い続けることになってしまう可能性があります。

広告費を使うことで一時的に反応が増えると思われますが、それを維持するにはそれなりにお金がかかります。開業したばかりで広告費がかさむのは非常に重い負担となりますし、広告費を使わないと仕事を取れなくなってしまうのは避けたいところです。

継続して安定的に仕事を獲得していくための専門特化でした。

独立してから、今のところ広告費は一切使っていませんし、これからも使うつもりはありません。

広告費を使うことが悪いということではありません。広告は有効に使えば効果があるのは間違いないでしょうし、確定申告の時期に広告によって仕事を増やしている税理士も知っています。

目的をもって使うのであれば広告を出すのもいいでしょう。営業を広告だけに頼るのは避けるべきなのです。

◆継続して仕事を獲得するために

税理士の営業方法といえば紹介が挙げられます。既存のお客様や他士業からの紹介がメインの営業となっている事務所も多いのではないでしょうか。

ですが、紹介で本当に継続して仕事を取ることはできていますでしょうか。継続して紹介してくれるのであればいいのですが、それはなかなか難しいでしょう。一度や二度はあるかもしれませんが、安定的に継続して紹介してもらうのは大変です。

紹介の場合は成約する可能性が高いものではありますが、そもそもの件数が少ないものです。

紹介だけに頼る営業では継続して仕事を得ることは難しいのです。

となると、自分で仕事を獲得していくこととなります。継続した仕事を得るためには自分で得るしかありません。私の場合はずっとひとりで活動すると決めていましたので、継続してたくさん仕事を得る必要はありません。

ですが、人付き合いが苦手ですし、先ほど述べたように交流会での付き合いも上手くできずつながりを作ることができません。紹介してくれる人を作ることができなかったのです。

紹介してもらえないとなると自分で獲得するしかないわけです。

専門特化していると「取って代わることができない」、「報酬金額は関係ない」、「この人がいい」といった理由で仕事を受けることができます。

お客様から「この人にお願いしたい」と思ってもらうことが継続して仕事を受けるために必

要なのです。

ニッチな需要が増えていることも専門特化した方がよい理由のひとつです。

大手メーカーの家電より多少金額が高くても、デザイン性が良い製品が売れています。

機能を絞った製品の方が売れているなんてこともあります。

「○○しかできない」けど○○については他の製品より圧倒的に優れている。そのような製品が売れているのです。

税理士に対するニーズも同じです。何でもできる税理士に依頼していた人たちがニーズにあわせて税理士に依頼するようになっています。

確定申告は確定申告専門の税理士に、税務調査は税務調査専門の税理士に依頼します。

実際に依頼者のなかには税務調査だけ私に依頼して、確定申告は別の税理士に依頼されている人もいます。

すべてを同じ税理士に依頼するのではなく、内容に応じて別の税理士に相談している人が増えています。

専門特化しておくことでニッチなチャンスを得ることができます。

◆小さい方が動きやすい

私が個人の税務調査対応に専門特化できたのはひとりで活動していることも大きな要因です。仮に従業員を雇っていたら簡単ではなかったでしょう。

私の場合は中小企業向けに考えていたサービスを一気に個人の税務調査に変えたわけです。思いついてすぐに転換しました。これは身軽なひとりだったからこそできたことです。

身軽に方針転換できるのはひとりのメリットです。

逆にひとりのデメリットは対応できる業務が限られることです。ひとりで法人・個人・税務調査・相続・事業承継・仮想通貨などいろいろな業務について対応するのは困難です。

ある程度大きな組織になれば専門部署で対応できるかもしれませんが、ひとりでは無理です。すべてをひとりで対応している税理士もいるかもしれませんが、かなり大変でしょう。私はひとつに特化して他を切り捨ててもいいと思って専門特化しました。専門特化したからといって他の業務をまったく手をつけなくていいというわけでもありません。

ですが、何かに専門特化することである程度は切り捨てることができます。

個人の税務調査に特化したからといって個人の確定申告をすべて切り捨てていいわけではありませんが、法人関連の仕事は切り捨てることはできるでしょう。

専門特化してサービスを切り捨てたとしても仕事が減る心配をしなくていいことは第3章で後述します。

私はひとりなので限られている時間をどう使うか、何に振り分けるのかには特に注意しています。時間を満遍なく振り分けるのは難しいので、何かに特化して他を切り捨てるのもひとつの方法です。

ひとりや少数であれば時間の振り分けを変えるのは比較的簡単にできます。

◆一気に稼ぐことはできない？

セルフブランディング・専門特化は実際よりもよく見せるためのものではありません。

もちろんいかによく見せるかは大切ではあるのですが、それは「実際より」ではありません。儲けることや高額で売ることは好ましくないと思われがちですが、そんなことはないと感じている人も多いのではないでしょうか。

高く売ることができればいいのは間違いありません。高く売るためには価値を感じてもらう必要があります。価値があればそれに見合った金額で買ってくれます。見合った金額でサービスを売るために価値を高めていく必要があります。

税理士はよく「一気に稼ぐことはできない」といわれます。少しずつ顧問先を広げて顧問料を増やしていくことが王道ですから、確かに一気に稼ぐことは難しいでしょう。

ですが専門特化することで大きく収入を伸ばすことも可能です。

実際、私は独立1年目で勤務時代の収入より少し多い金額の収入を得ることができました。独立1年目の半年くらいはまったく仕事がなく、実質的に収入があったのは残りの半年間です。つまり半年で勤務時代を超える収入を得ることができました。

半年間でそれだけの収入を得るのは顧問契約を増やす王道を通っていたら無理でしょう。

私が人を雇わずに収入を上げることができたのは専門特化したからなのは間違いありません。

少しずつ顧問契約を増やしていくことが悪いというわけではありません。私の場合はそのやり方ができなかったというだけです。

私のように顧問先を増やす王道のやり方が合わない場合は何かに専門特化することも検討してみるとよいでしょう。

◆専門特化はまったく別の道ではない

税理士は一生勉強が必要といわれます。それは価値に見合ったサービスを提供するためでもあります。

税理士は、常に自分の知識を高めているはずです。それを一点に集中することが専門特化につながります。

専門特化することはまったく違う道に進むことではなく、日々の勉強の先にあるものです。専門性を磨くことは常に考えているはずですから、税理士にとっては「自分にはまったく関係ない」ことではありません。

◆専門特化してみて

個人事業者の税務調査専門とうたって活動して5年以上経ちました。

新型コロナウイルス感染症の影響で税務調査の件数が減った時期もありますが、ありがたいことに今でも依頼をいただいています。

ほぼすべてがWEBからの依頼です。後ほど詳しく述べますが、ブログやホームページのアクセス数は一定ではありません。閲覧数が多いときもあれば少なくなるときもあります。

閲覧数に関係なく一定量の依頼があるのは、本当に私を必要としてくれている人たちから一定の評価を得ているからだと思われます。

紹介で得た仕事もあります。それは税務調査の依頼をいただいたお客様が知人に税務調査の連絡があったときに紹介していただいたものです。

紹介を通して連絡をいただくときに「税務調査に強いと聞いて」と言っていただくことも多いです。

専門特化することで嫌な営業をすることなく仕事の依頼をいただけるようになりました。

単純に仕事を獲得するためだけでなく、自分の望む生き方をするために専門特化するのもひとつの方法なのです。

第3章

どうやって専門特化するのか

1 専門特化することの不安

私が個人の税務調査専門に特化した流れは

① 個人の税務調査に関する記事に対する反応が多かった
② 経験がなかったので低価格で経験を積んだ
③ ある程度の件数をこなしたところで価格改定した
④ 専門家として記事を発信し続けた

このような形です。

まず専門特化を目指そうかと検討したときに悩んだのは、ターゲットを絞ってしまっていいのかということです。専門特化すればその特化した対象となるターゲットが狭くなります。そのため非常に限られたところで勝負することになります。

私は当初、何でもできる街の税理士を目指していました。「何でもできる」であれば幅広いターゲットがお客様となります。ターゲットが多ければお客様も獲得しやすいだろうと考えていたこともあります。街の税理士を目指してしばらく経っても仕事が増えなかったため専門特化を考えたわけですが、ターゲットを絞ることでさらに仕事が減ってしまうのではないかと強く不安に感じていました。

お客様からすれば何でも対応している税理士に依頼した方が安心するのではないかという思いがずっとあったのです。

◆独立したばかりの税理士に依頼するか？

迷いを断ち切れたのは「独立したばかりの税理士に依頼してもらえるか」と考えたからです。

自分が依頼する側になったときを考えてみてください。通常は独立したばかりの税理士よりも実績・経験のある税理士に依頼するでしょう。

独立したばかりの税理士が仕事を獲得するためには何かしらの売りが必要になると思ったのです。独立したばかりで経験、売りのない税理士には知人や友人以外から仕事の依頼は来ないでしょう。

価格で勝負するのもひとつの方法です。ですが、私はひとりで活動することを選んでいるので、数をこなすことはできませんから価格勝負をする気はありませんでした。価格以外で勝負する必要があったのです。

◆自分には無理？

専門特化するのは限られた人だけで自分には無理だと思っていませんか？

私にもできたのであなたにもできるはずです、と言ったところでなかなか信用してもらえないでしょう。本の著者に言われても、そう感じるでしょう。

私もそうでした。

本書の執筆依頼があったときには引き受けるか正直悩みました。

「私がセルフブランディングについて書けるのか？」と不安だったからです。執筆を引き受けるか悩んでいるときに先輩税理士と会う機会があり、受けたらいいと言われました。自分がやってきた営業のことを書けばいいんだよ、と言ってくれたのです。

- まったくのゼロからどうやって個人の税務調査専門になったのか？
- どうやって知識や経験を得たのか？

これらは参考になるはずだから、と言ってくれたのです。

私が専門特化を目指したときと現在では状況が違いますので、まったく同じことができるかどうかはわかりません。当時はまだ YouTube はそこまで伸びていませんでしたし、ブログの力が今より強かったです。それでも、専門特化した考え方などは何かしら参考になるのではないかと思います。

本当に専門的な知識や経験がまったくなかった私でも仕事を獲得できるくらいにはなりました。

別項でも説明しますが、著者だからといってすごい人ではないです。すごい人もいますが、すべてがすごい人ではありません。

◆専門特化すると本当に仕事が減るのか?

専門特化する前に懸念していた、仕事が減る可能性については結果としてまったく問題ありませんでした。逆に専門特化することで仕事が増えていったのです。

税理士がターゲットとするお客様で母数が多いのは中小企業でしょう。独立したばかりの税理士が大企業を相手にする機会は少ないです。母数の多い中小企業をターゲットにするのは当然です。みんなが中小企業をターゲットにしているのですから、そこから選ばれるのは大変です。

私の場合は個人の税務調査専門として活動するようにしました。結果として、税務調査だけでなく、その後の確定申告の依頼や法人成り等の相談もいただけるようになりました。

専門特化した分野の仕事から他の仕事の依頼へとつながっていったのです。

私の場合は

1　個人の税務調査対応

2　その後の個人の確定申告

3　法人成り

といった形で仕事が増えていきました。法人は個人事業者が法人成りしたケースのみ受けています。

個人の税務調査に専門特化したときにはホームページに個人の確定申告や法人に関するメニューは掲載していませんでした。それでもこれらの依頼をいただくことができるようになってきたのです。

個人の税務調査対応の依頼をいただき、それをきっかけとして信頼していただけた結果だと思います。

もちろん税務調査対応の依頼をいただいた方のすべてがその後の確定申告の依頼もいただけるとは限りません。後日になってお客様から「確定申告は受けてもらえないと思っていました」と言われたこともあります。「個人の税務調査専門」とうたっていたのでそれ以外の業務は受けないと思われていたのです。まさに専門特化するときに不安に感じていたことが起きていたわけです。

税務調査以外の仕事は受けていないと思っていたと伝えていただける方ばかりではありませんから、仕事を獲得できるチャンスを逃していた件数はかなり多かったと思います。税務調査の対応が終わったときに困ったことがあればご相談くださいと伝えてはいましたが、ホームページに税務調査以外のメニューがないことで依頼を躊躇われたこともあるでしょう。

そういった点では専門特化することで仕事を逃すともいえます。

個人専門とあるのに法人の顧問料についての記載があるのはおかしい。そう思って私はメニューには載せていません。そこは専門特化するうえでの見せ方として仕方のないところでしょう。

専門特化することで受けることができなくなった仕事もありますが、それ以上にたくさんの仕事の依頼をいただくことができるようになります。

セルフブランディングを行っていくうえでは、目先の仕事が減ることは恐れず、新たな仕事を獲得するための行動であると意識することが大切です。

もちろん減る仕事はありますが、それ以上に新たな仕事が増える可能性があるのです。

2 何を専門特化とするか

◆強みがあればいいけれど

何かしら強みとなるものがあればそれを売りにすることも考えられます。強みがあってもニーズがなければ意味がないのですが、何も強みがないよりはいいはずです。

その強みを活かして専門特化できればベストでしょう。

専門特化するといっても何を売りにしていいかわからないケースもあります。独立前に特殊な知識や経験があればそれで特化することもできるでしょう。

医療、相続、組織再編などの専門知識や経験があればそれを活かすこともできるはずです。ですが、そのような特別な経験をしている税理士ばかりではないはずです。

私自身もそうでした。

私は、独立前に特別な経験をしていたわけでもありませんし、知識もありませんでした。一般的な税理士事務所でいわゆる巡回監査、月次監査を行っていました。法人をメインに扱っていました。合併を少しやったことがあるくらいで特殊なケースを経験したことはほとんどありません。

特殊な経験や知識がなく独立しましたので、そのなかで何を専門特化すればよいのか非常に悩みました。

◆自分ができることを書き出してみる

今まで自分が経験した仕事の棚卸しをして、そこから何かないだろうかと考えてみました。

私の場合は専門特化できるような経験がなかったのですが、まずは自分ができることを書き出してみたのです。

- 中小企業の決算
- 個人の確定申告
- 融資関係の支援
- 年末調整

意外とできることが少なくて自分の経験のなさにガッカリすると同時に、どうすればいいのかさらに悩むことになりました。できることを書き出すときには、前述のような大きなことではなくもっと細かく書いてみた方がよいです。「個人の確定申告」だけではなく

・事業所得の申告
・譲渡所得の申告
・不動産所得の申告

などより具体的に書き出してみます。さらには「事業所得の申告」ではなく

・建設業の申告
・一人親方の申告
・システムエンジニアの申告
・飲食店の申告

などのように細かく挙げていきます。

そこからさらに深くできるところまで書き出します。「飲食店の申告」から

・蕎麦店の申告
・ラーメン店の申告

など細かく書いていきます。すると「そういえば毎年ラーメン屋さんの申告をしていたな」、「八百屋さんの申告をしていた」など気付くこともあります。

毎年、確定申告書を作成していたのならその業界のことや申告で注意すべき点などいろいろ

と知っているでしょう。

ラーメン屋さんは自家消費の売上を入れないといけなかった、八百屋さんは現金売上の把握が大変だった、などその業界の申告に関する知識があるはずです。

自分では当たり前のことでも他人にはそうではないこともあります。ラーメン屋さんの申告は自分にとっては何てことないことかもしれませんが、経験したことのない人もいるはずです。

消費税の申告についても

- 還付申告の経験が多い
- 海外取引に詳しい

なども強みになりえます。税理士であれば消費税の申告書は作成できるでしょうが、海外取引となると不安を覚えるケースも多いのではないでしょうか。海外取引の経験が多いだけで強みにもなりえます。

このように自分が経験してきた仕事で他の人がやったことのないことがあるかもしれないのです。自分では大したことないと思っていても、他人からすると貴重な体験かもしれないのです。自分のなかで眠っている貴重な体験を探し出すためにも、今までやってきた仕事の棚卸しをしてみましょう。

新しい知識や経験を得る前にまずは自分が持っている特殊な経験に気付くことが大切です。

◆税務だけでなく他の経験も

自分ができることを挙げるときに税務に関することが中心になるでしょう。税理士ですから当然税務も重要なのですが、税務以外のことも挙げてみましょう。

- パソコン操作が得意
- Excel や Word が得意
- コンサルが得意
- デザインができる
- ブログが得意
- プログラミングが得意
- ＳＮＳでの発信が得意
- 副業で稼ぐことができる
- 自分で不動産投資している
- 株式投資に詳しい

・農業をやっている
・広告が得意
・セミナーができる

など税務と関係ないと思われることも挙げてみましょう。意外な組み合わせで特殊なスキルを見つけることができるかもしれません。

セルフブランディングでは「特殊」というのは、尖るといった観点から、とても重要なキーワードといえます。特殊なスキルはそれだけで希少性があるわけですから、貴重な存在＝ブランディングにもなりえます。

すでに特殊なスキルを持っているのであれば活かさない手はありません。

例えば、広告と税務をかけ合わせれば税理士向けのビジネスができるかもしれません。デザインやプログラミングと税務を組み合わせれば税理士向けのホームページ作成などを受けることができるかもしれません。

税理士向けに限らず、ラーメン屋さんの業界に詳しければその業界向けのサービスを展開できるかもしれません。

税務を知っているデザイナーであれば、どのようにホームページを見せれば効果的かわかるでしょうからそれを売りにすることもできます。

プログラミングが得意なら税務ソフトを作ることもできてしまうかもしれません。

自分自身で不動産投資をしているならその経験を活かし、不動産投資専門として活動できるかもしれません。株式投資や農業も同じです。

◆家族や友人に聞いてみる

自分で自分のいいところを探すのは大変なものです。

自分の長所が思い浮かばないときは他人に聞いてみるのが手っ取り早いです。

家族や友人に自分のよいところを聞いてみましょう。仕事に関係ないと思われることばかりしか出てこないかもしれませんが、聞いてみる価値はあります。

- 絶対に怒らない
- 話しやすい
- 一緒にいて安心する

などは強みとなる可能性もあります。税理士は怖い、怒るといったイメージがありますので、話しやすさなどは違いを打ち出せる可能性があります。

税務の強み、税務以外の強み、性格などをかけ合わせることで唯一の強みを作れるかもしれません。

◆信頼できる同業者を作る

少し話がずれるかもしれませんが、相談できる同業者を作ることも大切です。

私も同じ時期にブログを始めた税理士とメールや実際に会っていろいろと相談してきました。どんなサービスをすればいいのか、どうやって営業するのか、失敗したこと、ブログ運営の方法、などいろいろなことを話し合うことができています。ブログ仲間でもあるので更新の励みにもなりました。

私はひとりで活動しているので、すべてひとりで対応しなければいけません。判断に困るようなことがあったときに相談できる同業者がいると心強いです。

このような仲間がいれば自分の強みについて相談することもできるでしょう。独立すると同業者の仲間を見つけるのは難しいかもしれません。交流会で知り合うことが一般的かもしれませんが、考え方が違う、営業だけの付き合いなどになってしまう可能性もあります。それでは自分の強みについて相談することは難しいです。

私の場合はブログを通じて考え方が似ている税理士と知り合うことができました。共通の趣味など、何かをきっかけに相談できる同業者を探す活動もするべきです。

ひとりで考えることにも限界がありますから、家族・友人・同業者に相談できる環境を整えることも必要になります。

◆誰もやっていないことを書き出してみる

仕事につながるかどうかに関係なく、誰もやっていないことを書き出してみるのもいいでしょう。誰もやっていないのですから、自分がやれば簡単に1位になることができます。誰もやっていないのは仕事にならないからなのかもしれません。ですが、もしかしたら気付いていないだけの可能性もあります。

開業して1年足らずの私が個人の税務調査専門として仕事を獲得できるようになったのは「個人の税務調査」をやっている人がいなかったからです。個人は仕事にならないと思っていたから、個人を受ける税理士がいなかったのです。

今でも「個人に税務調査なんてあるんですか?」、「個人はよっぽど儲けている人だけでしょ」なんてことを言われることもあります。

ですが、個人にも税務調査はあります。売上金額が年間で300万円くらいの事業者でも税務調査が行われたことがありますし、赤字の事業者にも税務調査はあります。

仕事がないという思い込みを捨て、ひとまず誰もやっていないことを挙げてみると何かしらヒントを得られるかもしれません。

例えば、印紙税専門や滞納整理対応専門などはやっている税理士が少ないと思われます。印紙税の税務調査はあります。件数はかなり少ないと思われますが、もしかすると表に出ないだけで意外と多く行われているかもしれません。源泉所得税も税理士が悩むことが多いものです。これらの知識や経験が豊富であれば、税理士向けのサービスを展開できるかもしれません。源泉所得税の税務調査専門にもなれるかもしれません。

税務調査の対応をしていると納税に関する相談も多く寄せられます。滞納整理などに困っている人も多くいると思われます。滞納整理を専門として活動することも考えられます。

税理士事務所は大抵は日中しか営業していません。そのため夜専門とするのも需要があるかもしれません。日中は仕事などでどうしても時間が取れない人からすれば夜に営業している税理士事務所があると助かるでしょう。

私は趣味でテニスをやっています。テニスが好きなのでテニス選手専門税理士もいいかもしれません。スポーツ選手を対象としている税理士はいても、テニス専門となるとほとんどいないでしょう。

仕事になるかどうかは別として、まずはやっている人が少ないものを挙げてみましょう。何かしらのヒントを得ることができるかもしれません。

◆2つ以上を組み合わせてみる

そうはいっても自分の経験なんて大したことないし……と思われる人も多いでしょう。たしかに「単発」で考えると特殊なものはないかもしれません。

ですが、何かを組み合わせてみると「普通」から「特殊」に変えることができるかもしれないのです。

先ほど述べたように「税務」と「税務以外」を組み合わせることもできますし、「税務」と「税務」でもいいわけです。

私が個人の税務調査専門として活動するようになった理由はすでにお話した通りです。税務調査の対応をしている税理士はたくさんいますが、個人の税務調査となると途端にいなくなります。

そのため「税務調査」と「個人」を掛け合わせたのです。「税務調査」は対応している税理士がたくさんいます。「個人」も対応する税理士はいますが少ないです。この2つを組み合わせることで特殊なものとなるのです。

税理士であれば誰でも当たり前にできるようなことばかりであってもいいので、「こんなことなんて」と思わずに自分ができることをすべて挙げてみましょう。まずはそこからです。

◆自分のキャラを際立たせることも

強みは仕事に関することだけでなく、自分のキャラを際立たせる方法もあります。20代の税理士は珍しいですから、それだけでも強みになりえます。元国税職員であるお笑い芸人が話題となったこともあります。

自分自身をキャラ化して親しみを持ってもらうことも強みといえるでしょう。かわいいイラストを多用したり、カラフルな色を多用したホームページを作成している税理士も見受けられます。

税理士はどうしても堅いイメージがありますから、親しみを持ってもらうことも強みとなりえます。私は自分をキャラ化することがものすごく苦手なため最初から諦めました。

キャラというわけではありませんが私はひとりで活動しています。それが強みとなったケースもあります。

ブログでひとりで活動している理由などを発信していたところ、それによって仕事を依頼していただけたことがあります。

依頼していただいた方もひとりで活動されており、共感したので依頼したとおっしゃっていただきました。お互いひとりなので細かい事務作業から何から何までやらなければいけないこと、こなせる仕事の件数が限られているので、その代わり引き受けた仕事に関しては精一杯対応すること、大変さや仕事に対する姿勢などいろいろとお話することができました。

一般的に考えれば大きな事務所の方が安心だと思われるでしょう。ですが、逆に少ない（ひとり）ことを強みだと思っていただけるケースもあります。

意外なモノが強みとなることがあることは知っておきましょう。

◆「ひとり」も強みに

◆自分を説明した小冊子を作ってみる

私は、自分の仕事を説明するための小冊子を作ったことがあります。名刺代わりとなるような小冊子です。

本書ではWEBを中心とした内容を記載しています。ただ、なかにはWEBを使っていない・慣れていない方もいます。そのような方にアプローチするためには本や紙がベースとなります。

そこで初めて会った人に自分の仕事内容を知ってもらうための小冊子を作っておくのです。数ページの小冊子を作って、それを配ることで自分の業務内容を知ってもらえるでしょう。WEBが苦手な方に向けてアプローチするのには有効です。

ブログやホームページにもその小冊子を配っている旨を記載しておき、希望者に配送するといったこともできます。

私も独立してすぐの頃に小冊子を作り、ブログで配っている旨を記載していました。小冊子を作るうえで、どうやって自分を見せるのか、どうやってアピールするか、何を書くのか、などを考える過程で自分の強みを発見できることもあります。

小冊子を作ると自分の仕事をまったく知らない人にどうアピールし、どう理解してもらうのかを知るいい機会となります。

3 お客様の反応を逃さない

これまで述べてきたように、専門特化するには

- 今持っている知識や経験を活かす
- これから専門的な知識や経験を得る

しかありません。

私の場合は特別な知識や経験がなかったので、これから知識や経験を得る方法しか考えられませんでした。知識や経験を細かく書いてはみたのですが、どう組み合わせても上手くいかないような気がしたのです。他人よりちょっと誇れるものといったらブログを書いていて、そこそこアクセスがあったことくらいでした。

税務や税務以外でできることが少なすぎました。

今振り返ればもっとやりようはあったかな、とも思いますが、当時は何もないとしか思えず、新たに何かを得なければいけないと考えるようになりました。

そこでどのような知識や経験を得るかが問題となったのです。

それで仕事の依頼が来るかはわかりません。自分が好きな分野であってもまったくニーズがなければ仕事はないからです。

いくら連結納税が好きだといっても、開業したばかりの税理士に連結納税の依頼が来ることは少ないでしょう。

ニーズがないところで専門特化しても仕事にはなりません。この点については後ほど詳しく述べます。

では、どうやって専門特化する内容を見つけるか？

私の場合はお客様に教えていただきました。

お客様に教えていただいたといっても直接お客様に聞いたわけではありません。ホームページに投稿していた記事の反応を見たということです。

独立当初は中小企業をターゲットとして、何でもできる街の税理士を目指していたので、ホームページに書いていた記事も中小企業向けのものばかりでした。

法人設立や資金繰り、節税策などニーズがありそうなことをホームページにて更新していたのです。それでも反応がなかったのは今まで述べてきた通りです。毎日、中小企業に関する記事をいくつか書いていたので、そのうち書く内容がなくなってきます。そこで法人だけでなく個人の税務に関することや税務調査のことについても少し書くようにしました。メインは中小企業の税務と考えていたので個人や税務調査に関する記事の割合は非常に少ないものでした。中小企業の記事9に対して個人や税務調査は1くらいだったと思います。記事の割合は9対1くらいです。

ですが、驚くことに問い合わせが多かったのは個人や税務調査に関することだったのです。1割くらいしか書いていなかった記事の方が圧倒的にお客様からの反応が多かったのです。税務相談や税務調査の問い合わせが増えてきました。

当時は、中小企業からの問い合わせがまったくないのに個人からの問い合わせが増えてきた理由がわかりませんでした。

◆「個人に対応している税理士がいなくて」

あるときにお客様から言われた言葉が忘れられません。

それは、「個人に対応している税理士がいなくて困っている」です。何人かの税理士に相談しようと思って連絡したが、個人だとわかると「ウチは受けていない」と断られてしまったということでした。

税理士はたくさんいるけど個人に対応している税理士がいないというのです。ＷＥＢでしばらく検索をして、個人の税務に関する記事を書いている私を見つけて問い合わせをしてくれたのです。

「個人に対応している税理士がいない」その言葉を聞いたときはそんなことはないだろうと思いました。

今まで勤務してきた税理士事務所では大抵は個人の確定申告を受けていたからです。確かに法人をメインにしていて新規の個人からの依頼は積極的に受けていない事務所もありましたが、通常は個人の確定申告を受けていました。そのため個人に対応している税理士が少ないという認識がなかったのです。

個人はまったく受けずに法人だけしか対応していない事務所もあるでしょうが、何人もの税理士に連絡してすべて断られたというのは衝撃でした。

その方の相談内容が特殊であったということではありません。相談内容が特殊・複雑であると受けないという判断をすることもあるでしょうが、このときの相談は白色申告から青色申告にするための手続きや帳簿の作成についてです。よくある質問ですので回答が難しいものではありません。

相談料についてもスムーズにお支払いをいただけましたので何らトラブルもありませんでした。

なぜ個人からの依頼を受けないのか？　と不思議に感じました。

おそらく報酬金額が関係しているのでしょう。

法人と個人ではどうしても規模の違いなどから法人の方が報酬金額は高くなります。法人は月次顧問料、決算料、年末調整などの報酬があります。個人は確定申告と年末調整があるかどうか。個人で顧問契約をするケースもあるでしょうが、法人と比べると数は少ないはずです。年間の報酬額を比べても圧倒的に法人の方が高くなります。これはどこの税理士事務所でも同じでしょう。

ある程度のお客様がいると新規で個人を受けたくないと思うのも無理はありません。

その後も問い合わせをいただくのは個人のお客様だけでした。

私に問い合わせをいただいた理由を聞いてみると、やはり「税理士が対応してくれない」、「他の税理士に断られた」と言うのです。

◆個人事業専門に

こうして個人を積極的に受けようと思うようになりました。

個人事業専門になろうと考えて、個人の確定申告等に関する情報を発信するようになりました。開業から確定申告の方法や法人成り等の記事をどんどん書いていったのです。

その効果があったのか個人からの税務相談が増えていきました。ただ税務相談は単発で終わることが多く、食べていくための売上を稼ぐのは大変です。1件の税務相談の報酬は2万円くらいでしたので、食べていくためにはそれなりの数を受けなければいけません。

そのような状況のなか、ポツポツと相談が増えてきたのが税務調査です。税務調査の連絡があり、どうしていいかわからないので相談したいと言われることが多くなってきました。

当時は個人の確定申告や節税については書いていても、税務調査に関する記事は少ししか書いていませんでした。

どうやらGoogleのアップデート等の関係で税務調査に関する記事が上位に表示されるようになっていたようです。その記事を読んでいただいた方からの問い合わせが増えてきたのです。

- 個人に対応している税理士が少ない。
- 税務調査となるとさらに少ない。

ということがわかってきました。

ただ、当時は問い合わせいただいても、ありきたりな回答しかできませんでした。というのも私自身が個人の税務調査の立ち会いをした経験がなかったからです。個人の税務調査の立ち会いは勤務時代に1件しかありませんでした。

個人だけでなく法人をあわせても税務調査の立ち会いは数件しかありません。

そのような状態で適切な対応をするのは難しいものです。少ない立ち会いの経験や書籍から得た知識などを伝えることしかできない状況でした。

あるときお客様から「立ち会いはしてくれないのですか?」と言われました。それまでは税務調査の事前準備や税務調査当日に気を付けるべきことなどをお伝えして、お客様ご自身で税務調査の対応をしていただくようにしていました。

個人の税務調査立ち会いの経験がなかったこともあり、立ち会いをすることを躊躇していたのは事実です。適切な対応ができるかわかりませんので、せっかく依頼していただいてもお力になれないと思っていたのです。それを正直にお客様に伝えました。

それで相談は終わりだと思っていたのですが、意外なことに「それでもいいから一緒に立ち会ってほしい」と言うのです。

・立ち会いをしても結果は変わらないかもしれない。
・お力になれるかわからない。
・それでも立ち会いをすると報酬が発生する。

断られることを想定してこれらをお伝えしたのですが「それでもいい」と言うのです。理由を尋ねると「ひとりだと不安だから」とのことでした。

私たち税理士は税務調査の立ち会いをする機会は少なかったとしても、税務署とやり取りをすることはあるでしょう。こちらから税務署に問い合わせをしたり、税務署から連絡やお尋ねが届くこともあります。毎日ではないにしても税務署とやり取りをする機会はそれなりにあるはずです。

税務署とやり取りをしている税理士であっても税務署から電話があるとドキッとします。私も勤務時代に電話を受けて「○○税務署です。」と言われると緊張したものです。

緊張するのは「もしかしたら税務調査かも」と思うからです。

税理士であっても税務調査は緊張するものですし、日常的にやり取りしていても税務署から連絡があると嫌なものなのです。

それが、普段は税務署とまったくやり取りをしたこともないお客様でしたらどうでしょうか？

税理士でさえ税務署からの連絡は嫌なものですし緊張するのですから、お客様のそれは税理士とは比較にならないでしょう。

税務調査が行われるからといって必ずしも不正があるわけではありません。ですが、お客様は税務調査というだけで「何か自分が脱税をしているのではないか？」と考えてしまい、不安を覚えるのです。

世間の方は税務調査と聞くと「マルサの女」のイメージが強くあるようです。

畳をひっくり返したり壁を破られたりと、かなり強引に調べられ段ボールに資料をつめて持っていかれると思っている人が少なくありません。

実際の税務調査はそんなことはないのですが、世間の方のイメージは強制捜査だと思っているのです。

さらにはドラマで見られるような警察の取り調べのようなものを考えている人もいます。ドラマのように怒鳴り散らされ「お前がやったんだろ！」、「わかってて脱税したんだろ！」と問い詰められると考えている人もいます。

繰り返しますが、実際の税務調査ではこのようなことは絶対にありません。

ですが、それをいくら説明してもお客様の不安は拭えないのです。不安だから立ち会いをしてほしいということなのです。

税理士が立ち会いをしたことで結果が変わらなかったとしても一緒にいてほしいと思っているのです。立ち会いを受ける旨を伝えるとなかには安心して相談中に泣き出す方もいました。

個人のお客様がこれほど不安に感じている税務調査。それなのに対応してくれる税理士が見つけられない方が大勢いることを知りました。

当初は単純に「誰もやっていない」、「やっている税理士が少ない」ものを見つけて、そこを専門特化すればいいと考えていたのですが、このようなお客様からの声を聞くことで意識が変わりました。

やっている税理士が少ないところを狙うのは変わりませんが、単純に食べていくためというだけではなく、本当に困っている人の助けになりたいと思うようになったのです。本当に税理士を必要としている人が対応してくれる税理士を見つけられない・断られている状況は何とかしたいと思うようになりました。

私ひとりができることは限られます。ですが、少しでも困っている人の役に立てればいいなと考えたのです。

独立する前や独立してすぐの頃にはこのように役に立ちたいと思う気持ちが欠けていました。

このようにして個人の税務調査専門として専門特化し、活動していくことを決めました。

個人の税務調査専門としたのはお客様から教えていただいたからなのです。

4 同業者の研究は欠かせない

お客様からの反応が一番大切なのですが、同業者の研究も欠かせません。

同業者の何を研究するかというと「何をやっているのか」です。何をやっていてその結果がどうなのか。これを研究します。

成功しているのか失敗なのか外からでは詳しく知ることはできませんが、ある程度は推測できるでしょう。

今やっていることを続けているようであれば上手くいっているのでしょうし、やめたのであればそうでなかったのかもしれません。継続して提供しているサービスがあれば、どうして上手くいっているのかの理由を研究してみます。

ブログ、SNS、メルマガなど活字を利用しているのか、YouTubeなど動画に力を入れているのか、セミナーをやっているのか。その人がどうして上手くいっているのかを考えてみましょう。よいところは真似できますし、失敗した理由がわかれば対策を考えます。

何をやっているのかの研究には、どんなサービスを提供しているかも含まれます。もし自分がやろうと思っているサービスで強力なライバルがいたらどうでしょうか？　どう戦えばいいのか、勝ち目はあるのか、勝てないにしてもつけ込む隙はあるのかを検討しなければいけません。そのサービスをやめて違うことをやらないといけないことになるかもしれません。

私も専門特化しようと考えたときには同業者を毎日研究していました。

セルフブランディングを行ううえでも、同業者研究は欠かせません。

◆本当にライバルか？

同業者の研究をして、すでに自分と同じサービスを提供している税理士がいたらどうでしょうか？　しかも、その税理士がもう何年も継続していてそれなりに知名度もあるような状態だと同じサービスをするのはやめようと思ってしまうかもしれません。

でもすぐにやめてしまうのはもったいないです。その、「すでに自分と同じサービスを提供している税理士」が本当にライバルかを見極める必要があります。

個人の税務調査を対応している税理士がいて、それが国税ＯＢでベテランであればかなりの強敵です。ただその税理士が九州で活動していたらどうでしょうか？

私は東京で活動しているのでおそらくライバルとはなりえないでしょう。東京近郊のお客様が九州のそのベテラン税理士に依頼することはおそらくないはずです。となると、強力なライバルと思われる存在があったとしても実際はライバルではないのです。

地域が違う、価格帯が違うなど違いを打ち出すことでライバルではなくなることもあります。そのための同業者研究です。

もし、ライバルと思われる存在がいたら違いを打ち出せないかについて考えてみましょう。

◆なぜ今の税理士を選んだのか？

独立してからだと調べることが難しいのですが、可能であればお客様に、なぜ今の税理士を選んだのかを聞いてみましょう。友人知人で税理士に依頼している人がいれば聞きやすいでしょう。誰かの紹介なのか、先代からの継続なのか、税理士の何かに惹かれてなのか。税理士の何かに惹かれてなどであれば参考になるものがあるかもしれません。

独立前に勤めていたときのお客様がどうしてその事務所に依頼をしていたのかを思い出して

みましょう。

・税理士の人柄なのか、能力なのか。
・紹介であれば、なぜ紹介されていたのか。
・どうやってお客様を獲得していたのか。
・自分も真似できるところはないか。

独立後は勤務していた事務所の影響を受けてしまうものです。チェックの方法や書類の整理方法など細かいところで勤務時代に慣れ親しんだ方法でやるケースが多いでしょう。営業についても同じようにできないかについて考えてみる価値はあります。

◆違いを打ち出せなくても

仮に違いを打ち出すことが難しかったとしてもすぐにやめてしまうのはもったいないです。「2番じゃダメ」なんてことはないからです。仕事には相性も大切です。1番の税理士と相性があわずに自分のところにお客様が来ていただける可能性もあります。1位を目指した方がいいのは間違いないのですが、違いを打ち出せなかったとしてもそれだけですぐに諦めてしまうのはもったいないことです。

◆ペルソナは考えてみる

営業・ブランディングを考えるときに必ず挙がるのが「ペルソナ」です。

ペルソナというのは、ターゲットとする具体的な人を想定することです。年齢、性別、性格、年収、生活状況、家族構成など細かく架空の人物を想定するのです。

簡単にいえば、架空のお客様となりうる人物を作るということです。それがペルソナです。その架空のお客様が何を求めているのか、どうすればその人物を満足させることができるのかを考えます。架空であってもお客様像を想定することでお客様側の視点に立って考えることができるのがメリットです。

お客様側に立つことで、どうやって税理士を探すのか、この状況でどんな税理士を探すのか、何を重視するのか、何を求めているのか、を客観的に考えることができます。

ここで大切なのは、架空のお客様を想定するときにできるだけ深く細かく考えること。

【ペルソナの例】

- 埼玉県三郷市在住
- 4人家族

・本人は40歳　妻35歳　長男10歳　次男8歳
・建設業　一人親方
・本人は仕事をするだけでお金の管理はすべて妻がやっている
・確定申告もすべて妻が計算して作成しており、本人は確定申告の内容をよく理解していない
・妻が確定申告しているが税金を減らしたいために、実は夫に内緒で売上を過少申告している
・開業した頃はキッチリと申告していたが、税務署から何も言われないので徐々に適当に申告するようになった
・こんな小規模な個人事業には税務署は来ないと思っている
・領収書やレシートは確定申告が終わったら適当に保管しているので紛失もある
・いつ税務署から連絡がくるのか不安
・帳簿は作成しておらず集計したメモ程度しか残っていない

などのようにターゲットとなりうる人物像を考えてみます。

可能であればもっともっと細かく考えてみるとよいでしょう。以前、名前まで設定している人がいました。

仮に税務調査の連絡があった場合に上記のようなペルソナがターゲットだとすると、本人よりも妻と話をしなければいけないことになります。もちろん納税者は本人ですが、妻が確定申告書を作成しているため、妻の悩みを解決しなければいけません。

過少申告しているので修正申告書の作成が必要となりますし、帳簿がない、領収書等も紛失していることへの対策も必要です。

このようなケースでいかに負担を減らし、税務調査を早期終了できるかを考えるのです。

仮想のターゲットをひとりだけ満足させても……と思われるかもしれませんが、ひとりを満足させることができなければ大勢を満足させることなどできるはずがないともいえます。上記のようなペルソナは何人か作ってみてもよいでしょう。仮想であってもお客様は自分と重ね合わせて共感していただけることもあります。

私も最初の頃は仮想のターゲットを作り、その人に向けて記事を書いていました。あるときに「税務署から連絡が来て眠れない」、「食べることができないほど不安」な人をターゲットに記事を書いたことがあります。

その記事を読んで依頼していただいた方が「まさに自分がその通りだったんです」と涙ぐんでいました。

こちら側（税理士側）からの見方だけでなく、お客様側から見たらどうなのか？　を考えるためにもペルソナ（ターゲット）を考えてみましょう。実をいうと私もペルソナを決めた方がいいとアドバイスされたことがあります。

最初は面倒に感じてしまっていてやりませんでした。そんなことを考えている時間があるなら記事を書いた方がいいと思っていたのです。

細かいターゲット像を考えているうちにひとつの記事くらいは書けてしまいますからその方がいいと思っていたのです。ですが、それは遠回りでした。

やみくもに記事を書いても誰に書いているのかターゲットがハッキリしないので、誰にも刺さらない記事になってしまいます。誰かひとりでいいのでそのひとりに刺さる記事を書くようにするべきなのです。

そのために時間をかけて誰に向けたものなのかをじっくりと考えるべきです。

◆事務所の場所は強みになるか？

開業するときに悩むことのひとつが事務所をどうするかです。自宅兼事務所にするかどこかに借りるかです。

税理士は事務所を設けなくてはいけませんから、どこかに必ず登録する必要があります。

私は自宅兼事務所で開業しました。単純にお金を節約するためです。

お客様もなく仕事もなかったのでとにかく節約しようと思って自宅兼事務所にしました。事務所が仕事の獲得に影響するかどうか？　については、影響はあるといえばあります。ですが、そこまでこだわらなくてもいいかと思います。

私は埼玉県で自宅兼事務所として開業しました。自宅兼事務所のときに個人の税務調査専門として活動を始めて仕事の依頼が来るようになりました。

しばらくして同じ埼玉県に転居し、それをきっかけに東京都千代田区に事務所登録しました。自宅兼事務所のときと事務所を借りた後で仕事の獲得に大きな影響があるかというと、そんなことはありません。

東京都千代田区の方が何となくイメージがいいような気がして事務所を借りたのですが、実際はそんなことは関係ありませんでした。

千代田区に移したことで東京からの仕事の依頼が増えたのは間違いありません。千代田区近辺からの依頼が増えましたが、千代田区に事務所を移してから埼玉県近辺からの依頼が減りました。そのことからお客様は近所の税理士を探している人がいることがわかります。

東京の方が事業者が多いですからターゲットも多い。ですが、ライバルも多いです。千代田区に事務所を移してから神田税務署に私の名前が掲示されるようになり、それを見たお客様が「こんな都心に事務所がある税理士にお願いしているんだと誇りに思いました」と言われたことがあります。

場所によって価値を感じていただけるケースも確かにあります。ケースとしては少ないのでそのためにお金を使って高い賃料を支払うべきかどうかは慎重な判断が必要でしょう。

ただ、事務所の場所だけでブランドや強みになるとは考えない方がよいでしょう。開業したばかりのときは自宅兼事務所でも問題ありません。

◆パクリは絶対にやらない

同業者研究で気を付けなければいけないのはコピーすることです。いわゆるパクリです。やり方を真似するのはいいですが、パクリはいけません。

わかりやすいのはブログの記事の内容をそのままコピーするようなことです。これはパクリになるのでいけません。

ブログの構成や書き方、見せ方などを真似するのはまったく問題ないでしょう。構成を真似して自分の言葉で書くのであれば何ら問題ありません。

税務調査の記事はたくさんの税理士が書いていますし、「重加算税」といった、同じ内容の記事を書くにしても自分で調べて自分の言葉で書くようにします。書き手によって言葉が違うのは当然です。

私は今でも記事を書くときには同業者の研究をしています。何を書いていて、どんな順序なのか、どんな言葉で、どこまで細かく書いているのかを調べます。構成などを参考にしますが、記事の内容はすべて自分の言葉で書いています。

誰かの記事を丸パクリして書いてもそれはただのコピーであり、何ら価値のないものとなってしまいます。せっかくブログを始めてもコピーサイトになってしまいます。そもそもパクリはやってはいけません。

実際、私も記事をコピーされたことがあります。私だけでなく他の税理士が書いていた記事もパクられていたのを見たことがあります。

パクっていたのは税理士でした。

パクリに対してどう対応しようか考えているうちにいつの間にかパクっていた税理士のサイトが消えていました。

やり方を真似するのはいいですが、パクるのは絶対にやめましょう。仮にそれで検索の上位表示されたとしても意味はありません。自分で仕事を取る力がつきませんから継続して仕事を獲得することはできないでしょう。

最悪の場合はそのブログやホームページ自体が毀損され、まったく効果のないものとなってしまいます。

◆独自性を磨く

パクった相手が個人であればこちらから連絡をすることで解決できるかもしれません。ですが、相手が大手だと難しい場合もあります。

先ほど述べたように下手をするとパクった方が上手くいっているケースもあるかもしれません。パクリであれば相手に訴えることもできます。ですが、パクりではなくても真似をされることもあります。自分が専門特化した時点ではライバルがいなくても、同じようなサービスを提供する強力なライバルが出てくる可能性もあります。

しっかりと研究され、自分より優れたサービスを提供していたり、お金をかけて綺麗なホームページを作成しているかもしれません。対抗するにはかなりの労力を要しますし、価格勝負になってしまうこともありえます。

そのような場合には強みに独自性を磨くしかありません。現在から少しずらしたポジションで活動することなどを検討する必要が出てきます。

5 まずは記事を書く

私の場合は個人からの問い合わせ、なかでも税務調査に関する相談が多かったことから個人の税務調査に専門特化したことはすでに述べています。

お客様の反応を逃さず、なぜその問い合わせがあったのかを意識しておくことでニーズを確認することができました。お客様のニーズを見極めることが専門特化への近道となります。

とはいえ、どこにニーズがあるのか・何を求められているのかをすぐに探すことはできません。まずはニーズがあると思われる内容について発信することが大切です。どんどん発信を続けてお客様からの反応があったものをチェックしていくのです。とにかく発信を増やし、お客様からの反応が出てくるのを待ちます。私の場合は先ほど述べたように

1　最初は中小企業向けの記事を書いた
2　書くことがなくなったので個人事業者の記事を書いた
3　意外と記事の割合の少ない個人事業者の方が反応が多かった
4　特に個人事業者の税務調査の問い合わせが多かった
5　個人事業者の税務調査に対応している税理士が少ないことがわかった
6　個人事業者の税務調査に専門特化することにした

という流れです。

まずはお客様から反応が出てくるまで頑張って記事を書いていく必要があります。私のように途中で方針転換しても問題はありません。とにかくたくさんの記事を書いていくことを考えるべきです。何を書くのか、どうやって書けばいいのかは第4章で詳しく述べます。

◆すぐに反応はないから続ける覚悟を持つ

私の場合は独立してから毎日のように数件の記事を更新して、半年後くらいからようやく問

い合わせをいただけるようになりました。毎日1万字くらいは書いていましたが、それでも今思うとまだまだ少なかったなと感じます。

発信をすればすぐに反応があると思ってはいけません。しばらく何の反応もない、問い合わせもない時期が続きますのでそこを乗り越えるしかないのです。

ブログを始めてはみたけれど、すぐにやめてしまうケースが非常に多いです。発信を続けていればどこかで問い合わせが増えてきます。その問い合わせをいただいたお客様の反応を見極め、何を求められているのかを判断する必要があるのです。問い合わせが来るまで発信を続ける覚悟が必要となります。

何を書くか、どうやって書くかも大切なのですが、何よりも続ける覚悟を持つことが非常に重要です。

もし私が半年間ずっと更新しているのにまったく問い合わせがないからといってそこでやめていれば今の自分はありません。おそらく開業税理士として活動を続けることはできていなかったでしょうし、個人の税務調査専門として活動することもなく、本書を執筆することもできていなかったでしょう。

大げさではなく、我慢して続けることができたから今があると思っています。

個人の税務調査専門として特化し、それによって依頼をいただけるようになったのは偶然で運がよかったのかもしれません。ですが、継続したのは自分の意思であり努力であるといえます。

「やめなければ失敗ではない」ともいいます。現実的にはお金の問題がありますからいつまでも続けることはできません。すぐ結果を求めて焦る気持ちもわかります。ですが、結果が出るまで続けるという強い意志が必要なことは繰り返しお伝えさせていただきます。

6 やっているのがひとりだけが理想

専門特化を考えたときに手っ取り早いのは何かで1位になることです。後述しますがブログを活用するにあたって検索したときに一番に表示されるだけで認知度が違います。

昔「2位じゃだめなんでしょうか」という言葉がはやったことがありますが、2位でも問題はありません。

必ずしも1位でなくてもいいのですが、1位を目指すことは重要です。1位を目指すには競争しなければいけません。

◆見つけてもらうため

そもそも何のために1位を目指すのかというと、当然ながら問い合わせをしてもらうためです。1位じゃないとしてもそれなりに上位表示される必要があります。

みなさんは何かを調べるときに検索した結果をどこまで見るでしょうか？　スマホの場合はある程度の件数の検索結果が表示されると「もっと見る」と表示がでてきます。

この「もっと見る」をクリックすることはありますか？

私はよほどのことがない限りは「もっと見る」をクリックすることはありません。大抵は検索結果にでてきた10番目くらいまでの情報で事足りるからです。よほど求めている情報が少ないような場合でない限りは「もっと見る」の先まで見ることはしません。

私と同じようにあまり先まで見ようと思う人は少ないのではないでしょうか。となると、やはり検索したときに上位に表示されている方がよいのは間違いありません。厳しい言い方になりますが、見つけてもらわないと「存在していない」と同じです。100位に表示されていますといっても誰もそこまで見ないので、いないのと同じことになってしまうのです。

ＷＥＢで営業しようとするとどうしても検索は意識しなければいけません。いかに上位に表示されるようにするかは常に悩むところです。

1位でなくても2位、3位など、上位でないと見つけてもらうことが難しくなります。

◆ひとりだけを目指す

1位になるのは大変だとお伝えしましたが、それは競争が激しいところでの話です。競争の激しいところで1位を目指すのは非常に大変ですが、ライバルのいないところであれば1位になるのは比較的容易です。ライバルがいなければそもそも競争する必要がないのですから、その場にいるだけで自然と1位になれます。

私が個人の税務調査専門として活動し始めたころはライバルが少なく、比較的簡単に記事を上位表示させることができました。書いている人がいないのですから、記事を書けばそれが上位に表示される状態だったのです。

「個人の税務調査」に関する情報を調べようとすると私の記事がたくさん出てきていたわけです。何度も同じ人の記事を見ていれば信頼感も得られ問い合わせにつながります。

今はGoogleのアップデートやライバルが出てきたことなど様々な要因で上位表示が難しくなってしまいました。それでもまだまだ空いている場所はあるはずです。

そのような場所を探すことに労力を費やすべきです。

簡単にいえば「ブルーオーシャン」を見つけようということです。競争相手がいない、自分ひとりだけの場所なんてないと思われがちですが、見つけるのはそれほど難しいことではありません。

相続専門の税理士も増えてきました。ただ「相続専門」というとひとりだけになることはできませんが、何かと組み合わせることでひとりだけを作れるでしょう。

「○○県」、「○○市」など地域を絞るのもいいでしょうし「相続財産○円以下専門」なども考えられます。

「相続専門　税理士」で検索すると大手の税理士法人がたくさん出てきます。このなかで独立したばかりの税理士が勝負するのは極めて厳しい状況です。ですが、「揉めている　相続税理士」で検索するとグッと件数が減ります。「相続したくない　税理士」で調べてみると大手の税理士法人ではなく個人の税理士が書いた記事が上位表示されていました（これらは本書執筆時点での情報です）。

このようにただ「相続　税理士」では勝負にならないとしても何かしら組み合わせたり工夫することでひとりだけの状態を作れる可能性があります。

◆やっぱり問い合わせは大切

そのために先ほど述べた「お客様の反応」を見ることが重要となってくるわけです。

お客様から問い合わせが来るようになるまで継続することの重要性を説明しました。それは、問い合わせがある時点で自然と何かしらの強みができている可能性があるからです。

8万人もの税理士がいるなかで問い合わせをいただくということは選ばれたということです。依頼者からすれば8万人のなかからあなたを選んだということですから、そこには何かしらの理由があるはずです。

お客様には自分で気づいていないところが強みとして映っているのかもしれません。

自分が提供しているサービスは他の税理士がやっていないということも予想されます。

個人の税務調査についても私が専門特化した時点で、すでにやっていた税理士がいたのかもしれません。ですが、見つけてもらえなければいないのと同じなのです。

空いているポジションを見つけることに必死になりましょう！

ポジションを見つけたら自分がこのポジションにいることを示すために発信を続けるのです。

7 どうやって知識・経験を得るか

空いているポジション（専門特化する場所）を見つけたら専門であるといえるだけの知識や経験を得る必要があります。

もともと持っている経験を活かせればいいのですが、なかなかそう上手くいくものでもないでしょう。

私もまったく経験がなかった個人の税務調査を専門にしたので最初は苦労しました。

◆本から知識を得る

まず私がやったことは本から知識を得ることです。

初めての業務に携わるときに本で調べるのは当然です。ただ、困ったのは個人の税務調査に関する本が少なかったことです。税務調査に関する本はたくさんあります。

書店やAmazonで調べてみても税務調査に関する本はたくさんあるのですが、個人に限るとほとんどありませんでした。個人の場合は相続の税務調査についてはたくさんあるのですが、個人事業の税務調査に相続の税務調査は参考にならないでしょう。仕方なく法人の税務調査に関する本を何冊か手に入れて知識を得ました。

インプットした内容はホームページでアウトプットしました。法人の税務調査の知識を本で得て、それを自分なりに個人に置き換えて記事を書いていたのです。

当然、法人と個人では違うところもあるのですが、基本的な流れなどは同じところも多くあります。

◆どうやって経験を得るか

問題はどうやって経験を得るかです。これは実際に経験して数をこなしていくしかないでしょう。私も数をこなしてたくさんのケースを経験することでノウハウを得ることができました。

実体験からノウハウを得ることができたのです。

どうやって経験するかが問題となるわけですが、これは非常に難しい問題です。

ひとつの方法として、比較的安い価格で仕事を受ける方法があります。私の場合は意図していなかったのですが、この方法で経験を得ることができました。

今は個人の税務調査専門として活動していますが、個人の税務調査を受けようと思った当時は「専門」とはしていませんでした。専門ではなく力を入れているという表現にしていたのです。

当時の報酬金額は今の3分の1くらいでした。税務調査の経験が少なかったので適正な金額がわからず、安い金額設定をしてしまっていたのです。そのころは安いという感覚はありませんでした。もちろんいろいろな税理士の情報を集めて検討し、価格を決めたのですがそれでも安かったのです。今の3分の1ですから安すぎるくらいでした。

ですが、

・価格が安い

・記事が上位表示されている

これらのおかげで依頼がどんどん来るようになったのです。どんどん税務調査の経験を積むことができました。

失敗もたくさんしました。

税務署と交渉しすぎて税務調査が長引き、依頼者に余計な心労を与えてしまったこともあります。

・脱税をしているケース

・無申告のケース
・無予告調査
・国税局資料調査科の調査

など様々な経験をすることができました。

本来は重加算税の対象ではないのに、税務署が重加算税だと強硬に主張してくるケースなどもありました。

・すぐ終わるのはどのようなときか、逆に長引くのはどんなときか。
・何を用意しておけばスムーズに進むか。
・何を聞いてくるのか。
・何を調べるのか。
・何を調べられないか。
・始まりから終わりまでどれくらいの期間かかるのか。
・誰が決定権者なのか。
・質問応答記録書を作成するのはどんなときか。
・自宅を調べられるのはどんなときか。

とにかく個人の税務調査についてすべてのことを実践で学ぶことができました。

◆低価格・無料にする

あまりやりたくないことではありますが、経験を積むためには価格を下げざるを得ません。独立したばかりで経験の浅い税理士に依頼してもらうためには価格で訴える方法があります。私も低価格で受けることで経験を積むことができました。低価格にしたのは意図したことではなかったのですが、結果としてこれがよかったと思っています。

価格競争を避けるために専門特化しようとしているのに、低価格にしたら意味がないと思われるでしょうが、経験を積むまでは仕方ありません。もちろん最初から正規の料金で仕事を受けることができればベストですが難しいでしょう。

相場を調べて価格を抑えることで依頼されやすくなります。最初から現在と同じ価格設定にしていたら、これほど多くの経験を積むことはできなかったでしょう。

◆低価格の期限を決める

ここで大切なのは、低価格や無料で仕事を受ける期限を決めておくことです。

いつまでも低価格で仕事を受けていると避けなければいけない価格競争に巻き込まれてしまいます。

いつまで低価格で受けるのかはしっかりと決めておきましょう。1か月、3か月、半年、1年など期限を決めておかないとズルズルと低価格を続けてしまいます。

具体的にどこで低価格をやめるべきか?

これは専門特化するための経験を積むことができるまでです。なのでどのような業務で専門特化するのかにもよるでしょう。

個人の確定申告であればそれほど長期間でなくてもいいかもしれませんが、相続となるとまた話が違ってくるかもしれません。

法人であっても社長ひとりだけの会社であればそれほど件数をこなさなくてもいいかもしれません。

十分な経験を積むことができたかどうかを自分で判断するのは非常に難しいものです。

◆やはりお客様からの反応が大切

セルフブランディングにおいて、専門特化するものを選ぶときにお客様の反応が大切だと説明しました。

ここで説明するお客様からの反応は、価格についてです。

簡単にいえば価格についてもお客様の反応を確認しましょうということです。

高すぎれば売ることはできませんし、安すぎれば利益が出ません。経験を得るために安く提供することをオススメしましたが、いつまで安く提供すればいいのかはお客様の反応を確認します。

私の場合は専門特化するときと同じように、お客様から言われた一言がきっかけになりました。

あるお客様から「なぜそんなに安くやっているんですか?」と言われたのです。この言葉を言われたときに価格改定しようと決めました。

そのお客様は他の税理士の報酬についてもいろいろと調べたうえで私が安く受けていると思ったのです。

お客様から言われた「なぜそんなに安くやっているのですか?」は、その言葉の前に（他の税理士と変わらないのに）といった言葉が隠れているのだろうと思ったのです。

その言葉を伝えていただいたお客様はそこまで考えてのことだったのかどうかはわかりませ

ん。別のお客様からも価格について言われたことがあります。「安かったので大丈夫か不安でした」というものです。

依頼するかどうか検討していたときに価格が安かったので不安になったというのです。私たちが何かモノを買うときには安い方が嬉しいのは間違いありません。少し離れていたとしても安いお店で買いたいと思うのは普通です。ですが、それが安すぎるとなると逆に不安になるのです。

相場が5万円なのに5千円だと本当に大丈夫か？　と思いますよね。

この税理士に依頼して本当にしっかりとやってくれるのか？　と不安に感じ、避けられても仕方ありません。

結局、このお客様は最後に「依頼してよかった」と感謝していただけたので安心しました。

低価格にしていると、お客様から「なぜ安いのか？」と聞かれることもあるでしょう。正直に経験が浅いからと伝えてもいいかもしれませんが、不安を与えるだけになってしまうこともあります。

「期間限定」とお伝えするのがいいのではないでしょうか。

私は「今は期間限定でこの価格でやっています」と伝えるようにしていました。

このようにお客様から価格についての話が出て来るようになったら価格改定を考えてもよい頃でしょう。私の場合は
「なぜそんなに安くやっているんですか？」
「安かったので大丈夫か不安でした」
これらの言葉をきっかけに価格改定しました。

◆アンケートを取るのもひとつの方法

アンケートを取るのもひとつの方法です。依頼いただいたお客様にアンケートをお願いするのです。私も一時期やっていたことがあります。

私がアンケートをお願いしていたのは、お客様の声を集めることが目的でしたので、価格についての意識を調べるためではありませんでした。

目的は違いますが、価格がどうであるかを直接聞いてみるのも有効でしょう。

お客様から何かを伝えていただくのはなかなかないことですので、こちらからアンケートをお願いして調べるようにするのです。

Google フォームで簡単にアンケートを作れますから挑戦してみましょう。

Googleフォームは Google が提供しているアンケートや投票フォームなどを作成できるツールです。

アンケートは長すぎると回答いただけないので注意しましょう。私はA4用紙1枚程度で作成しました。A4用紙1枚でしたらそれほどボリュームはありませんので回答していただけることが多いです。

アンケートには厳しい意見をいただくこともあります。泣きたくなるようなこともありますが、それはしっかりと受け止めて、今後のサービス改善に役立てるしかありません。

8 強みを売り出してみたのに依頼がない

自分の強みを全面的に出しているにもかかわらず、お客様から依頼が来ない場合には何かしら問題があると考えられます。考えられる理由はいくつかあります。

依頼が来ない理由として主なものは

- 強みが思い込み
- 知られていない

・価格が合っていない
・ニーズと合っていない

などです。依頼が来るまで継続して発信しましょうとお伝えしてきましたが、いつまで経っても依頼が来ないとなるとやり方がよくない可能性もあります。

◆自分の思い込みではないか?

まず確認したいのは強みと思っていたものが自分の思い込みではないか？　ということです。自分では強みと思っていることが他者にはそう見えていない可能性もあります。

税理士であれば税の専門家であるのは当然です。そこで「間違いのない確定申告書を作成します！」とうたったところで効果はないでしょう。

当たり前だと思われてそれ以上のアクションはないでしょう。

自分としては誰よりも税法に詳しく知識もあり経験もある。どの税理士よりも正確に確定申告書を作成できる自信があるかもしれません。でも、それは自分では強みだと思っていても他者から見ればそうではありません。

これは極端な例かもしれませんが、強みを出したのに依頼がないのはこのような状態になっている可能性もあります。今一度、自分が強みだと思ったものは本当に強みなのか確認してみましょう。

◆知ってもらうこと

独立してから一番力を入れてやらなければいけないのは、知ってもらうための活動です。そもそも知ってもらえなければ仕事の依頼が来るはずもありません。

ブログなどを活用して、とにかく自分を知ってもらうことが大切となります。いくら魅力的なサービスを打ち出したところで知られなければ意味がありません。

自分を知ってもらう・サービス内容を知ってもらうことが非常に大切なのです。

知られなければ存在しないのと同じなのです。

ありがたいことに税理士は仕事内容については知られていることが多いです。もちろん細部まで詳細に知られてはいませんが、大まかにどんなことをするのかは知ってもらえています。そのため後はどれだけ自分を知ってもらえるかが勝負となります。

もちろん知識や経験を得るための行動も大切なのですが、独立してからはいかに自分を知ってもらうかの活動に力を入れるべきです。

場合によってはブログだけでなくＳＮＳやYouTube等も利用するべきなのです。

◆価格が合っていない

依頼が来ない理由のひとつとして価格が合っていない可能性があります。サービス内容に対して値段が合っていないと依頼してもらえません。これは値段が高すぎるケースだけでなく先ほど説明したように安すぎる場合も同じです。

安ければいいのではないかと思われがちですが、税理士業の場合はそうでもありません。安かろう悪かろうといった言葉があるように安すぎるとお客様に不安を与えてしまうことがあるのは説明した通りです。

価格設定については前項でお伝えした通りなのですが、悩みはつきません。

私も同業者の相場を調べて価格設定をしていたつもりでしたが、調査が足りなかったようです。もう一度徹底的に調べてみると確かに少し安い設定でした。その後、サービス内容を見直しながら2回価格改定をしました。

値段が高すぎると当然ながら依頼はありません。ですが、安すぎるのも問題なのです。税理士に依頼されるお客様は安心を求めている方もいます。当然、値段だけで判断される方もいますがそれだけではありません。

お客様が何を求めているかを考えたうえで価格設定をする必要があるのです。

◆ニーズと合っていない

強みを打ち出したのに仕事の依頼が来ない理由はニーズと合っていないからかもしれません。いくら自分が得意なことであってもニーズがなければ依頼が来ないのは当然です。腕があれば仕事は来ると思っているケースと同じです。いくら知識や経験があってもそれが求められているものでなければ意味がありません。自分の強みを打ち出すことは大切ですが、それが本当にニーズのあるものなのかを見極めなければいけません。

チャーハンを食べたいと思ってラーメン屋さんに入ったのにチャーハンがないといった状態かもしれません。一般的にはラーメン屋さんならチャーハンはメニューにありそうなものですが、専門特化したためにチャーハンがないことが伝わっていないのかもしれません。

私も似たような失敗があります。

個人の税務調査専門として活動を始めてから、相続税の税務調査の相談依頼があったのですが、相続税については知識も経験もなく、どうにも対応できませんでした。このときは仕方なくお断りするしかありませんでした。

お客様からすれば「個人の税務調査」とあるので当然、相続税も対応していると思われたのでしょう。

誰もやっていないことや競合がいないところを狙うのは大切です。ですが、狙いすぎてしまってあまりにもハズレたサービスを提供していれば当然ながら仕事の依頼はありません。求められていないサービスを提供しても依頼はないですし、得るものはなく逆に仕事を失うだけになってしまいます。

◆アクセス解析をしてみる

記事のアクセス解析をしてみるのもひとつの方法です。問い合わせがない理由が

- そもそも記事が読まれていない
- 記事は読まれているが問い合わせがない

のどちらなのかを判断するために記事のアクセス解析をします。アクセス解析はGoogleアナリティクスやGoogleサーチコンソールを使います。

※Googleアナリティクスと Googleサーチコンソールはいずれも Google が提供する無料のツールで

す。Googleアナリティクスはアクセス解析ツールでどれだけの人がどこから訪問しているのか等がわかります。Googleサーチコンソールはどのような検索ワードで訪問されたのかやサイトにエラーが発生していないかを確認することができます。

まったく読まれていない場合は先ほど述べた「知られていない」のと同じです。今まで以上に知ってもらうための活動に力を入れてみましょう。

それでも仕事の依頼がないのであれば本当にニーズがないといえます。ニーズがない場合は何も変えずにいくら続けても仕事につながることはありません。

問題は記事は読まれているのに問い合わせがない場合です。読まれているということは知られているはずです。それなのに問い合わせがないのであれば何かしら対策しないと何も変わりません。

◆ターゲットを絞りすぎていないか？

本章の最初にターゲットを絞ることについて述べました。専門特化することはターゲットを絞ることになります。

法人専門になれば個人は受けないことになりますし、その逆もありえます。相続専門になればそれ以外は受けないことになります（実際は受けているかもしれませんが）。

もし、いくら待っても仕事が来ないとなると専門特化する内容を絞りすぎているかもしれません。絞れば絞るほど尖り、強みとなりえますが、刺さることができるのもピンポイントになります。細かいところに刺さるための専門特化であり、セルフブランディングなので、方向性はいいのですが、尖りすぎると本当に一点だけにしか刺すことができなくなります。

「個人の税務調査」であれば個人を対象としていますので、個人事業者もいれば副業を行っている人、無申告の人なども含まれます。消費税の税務調査も含みます。

これがYouTuberの税務調査専門、せどりの税務調査専門だとターゲットを絞りすぎでしょう。少し広げて副業の税務調査専門にしてみる、などの対策が必要となってきます。

ラーメン屋さんの税務調査専門、カフェの税務調査専門なら飲食店の税務調査専門にしてみる。ターゲットを絞ることは大切なのですが、絞りすぎていると仕事の依頼はありません。まったく仕事を獲得できていないのであればターゲットを少し広げてみることも考えてみましょう。

ターゲットを少し広げるときに活用したいのがGoogleサーチコンソールです。詳しくは第4章で説明しますが、Googleサーチコンソールによってどの記事が読まれているのかがわかります。

それをもとに読まれているけど問い合わせにつながっていない内容をチェックすることでターゲットを広げていきます。

第4章

ブログを活用したブランディング

1 知ってもらう・伝えるためにWEBを活用する

税理士はおおよそ8万人くらいいます。仕事の依頼を受けるためには8万人のなかから選んでもらわなければいけません。これまで述べてきたように、独立して開業税理士登録をすれば仕事の依頼が来るわけではありません。開業登録をしてもそれだけでは誰にも知られていないからです。

日本税理士会連合会のホームページで税理士を探すことができますが、税理士に依頼しようと考えている人がここで依頼する税理士を決めることは少ないのではないでしょうか。

その税理士が何を得意としていて、どんな人なのかがよくわからないからです。

お客様が税理士を探すとなると、知人からの紹介、もしくはWEBを利用するでしょう。WEBで近所の税理士、求めている経験がある税理士などを探してみるでしょう。場合によってはSNSを利用するかもしれません。

もしWEB上に自分の情報がまったく出てこなければ存在を知ってもらうことはできません。存在を知ってもらえなければ当然ながら仕事の依頼をいただくこともできません。

◆WEBに出てこない人

実際に私の知人の税理士を何人か検索してみると、まったく情報が出てこない税理士が何人かいました。以前勤めていた事務所の所長の名前で検索してもまったく出てきませんでした。その人の本名をフルネームで検索して、ようやく検索結果に出てくるような状態です。ホームページ、ブログ、ＳＮＳも何もやっていないと検索結果には出てきません。

千代田区で税理士を探したいと思っている人は「千代田区　税理士」などで検索するかもしれません。相続の相談をしたい人は「相続　税理士」で検索するでしょう。その検索結果の上位に表示されるのは大変だとしても、そもそも検索結果に出てこないのであれば選ばれることはありません。

もちろん検索上位に表示されることも大切なのですが、まずは土俵に上がることの方が重要なのです。

最近はブログ、ホームページやSNSを活用している税理士が増えてきました。私自身もブログやホームページを更新しているので、同業者の情報はチェックするようにしているのですが、最近は独立してすぐにＷＥＢを活用している例を見かけます。

ですが、増えてきたとはいえＷＥＢを活用している税理士は少数派でしょう。

８万人いる税理士のうち、ＷＥＢ上にまったく出てこない税理士の方が圧倒的に多いはずです。「いまさらブログを始めても……」といった声を聞くこともありますが、まだまだブログを更新している税理士は少数派です。ブログでなくてもTwitterやYouTube、FacebookなどＳＮＳを活用するだけで何もしていない人よりも選ばれやすくなるのは間違いありません。

◆今さらブログ？　今でもブログは営業で使えるツールである

私はＷＥＢで営業するなら今でもブログを勧めています。ＳＮＳやYouTube等を利用することはあっても軸となるのはブログだからです。「ブログはオワコン」、「もう古い」なんてことを聞くこともあります。でもハッキリといわせていただきますが、ブログは今でも継続して営業が行えるツールです。

◆ＳＮＳは使っていない

実際に私自身は今でもブログを中心とした営業をしています。独立してから７年間ずっとブログとホームページで営業をしています。

・ＳＮＳは過度に使わない

・売り込みはしない

といった条件で続けています。

ＳＮＳについてはTwitterでブログの更新情報を投稿するくらいで、意識して注目を集めるような過度な使い方はしていません。ＳＮＳは見たくない情報もありますので、ストレスを溜めないためにも過度に使わないように気を付けています。

ブログとホームページによる営業のみですので、ずっと待ちの状態です。私から売り込みをするようなこともしていません。

ブログは待ちの営業ですが、お客様のペースで考えてもらうことができる・クロージングをしなくてよいことがメリットです。このスタンスは独立してから今までずっと変えていません。

◆WEB経由のお客様は質が悪い？　合わないお客様からの問い合わせを減らす

ＷＥＢ経由からの問い合わせは〝悪い〟お客様しか来ないと聞くことがあります。

実際に私も同業者からブログからの問い合わせは〝悪い〟人しか来ないと聞いたことがあります。そんなことはないと思うのですが、そもそもお客様を良い悪いというのも失礼だと思います。

良い悪いではなく合う合わないといった表現の方が適切でしょう。

確かにお客様のなかには自分と合わない方もいます。税務に対する考え方、税務調査に対する対応、納税の意識など、税務に関するものだけでなく、電話のみしか使わない、いつも怒鳴っている、連絡が取れる時間帯が違うなど、自分とやり方が合わない方もいます。

私は電話をあまり使っていないので、やり取りが電話しかできないのも困ってしまうのですが、それだけの理由で解約するようなことはありません。

合わないお客様とどこまで対応するのか、付き合うのかは自分次第です。

私の場合は脱税思考の方とは付き合わないようにしています。それ以外のところについてはある程度は許容できます。

一定数はどうしても合わない方がいますのでお力になれないとお断りします。ですが、なるべく合わない方からの問い合わせが来ないように工夫しています。

自分と考え方などが合わない方はいます。そのような方と無理をして一緒に仕事をしていると疲弊しますし、お互いによくないでしょう。問い合わせが来てからお断りするのは労力がかかりますし、できればやりたくないことです。

そもそも自分と合わないお客様から問い合わせが来ないようにできれば一番いいでしょう。

合わない方からの問い合わせを完全になくすのは無理ですが、減らすことはできます。その方法は今まで述べてきたように「ブログで自分のことを発信すること」です。またそれか、と思われるかもしれませんが大切なことなので何度も言います。

◆この人にお願いしたい

発信する内容は仕事のことと自分のことの2つです。仕事のことだけを重要視されがちなのですが、自分のことを発信することも忘れてはいけません。

自分のことを発信していなければこちらがどんな人なのか、何を大切にしているのかを理解してもらえません。単純に価格でのみ比較されることとなってしまうのです。「いくらですか?」と聞かれて回答したところ、それっきり返事がなかったり、返事が来ても「もっと安くできないか」と価格で判断されることになります。価格競争になってしまうから悪いお客様しか来ないと思われてしまうのでしょう。

「この人にお願いしたい」と思ってもらえれば価格競争にはなりません。多少高額であったとしても依頼していただけるでしょう。

要するに「ファン」を作るということです。

ではどうすれば「この人にお願いしたい」と思ってもらえるでしょうか？

◆自分と合った人から依頼を受けるための発信

ブログによる発信をする目的は営業です。単に人を集めるための営業ではなく、自分と合った人に依頼してもらうための営業です。ただ人を集めるためであればブログではなくてもできます。

・営業はしなければいけない。
・でも何でもかんでも人を集めればいいというわけでない。

これらを解決するためにブログを使うのです。

私は独立してからずっとブログとホームページからしか仕事を獲得していません。自分と考えが合わない人を避けるための発信を続けてきたおかげで、お断りするケースはほとんどありません。

合わない人からの問い合わせをゼロにすることはできていませんが、問い合わせの時点でかなり絞ることはできています。

◆書けば仕事が来るわけではない

「ブログはオワコン」、「ブログで仕事は取れない」と考えている方はブログを書きさえすれば勝手に仕事の依頼が来ると考えているのかもしれません。それは間違いです。だからブログを始めても3か月も経たずにやめてしまう人が多いのかもしれません。

ブログやホームページを立ち上げてちょっと税務の記事を書けば仕事が来るわけではないのです。継続と正しいやり方が必要です。

ブログを営業に使うための正しい方法はひとつだけではありません。人それぞれに正解があるのです。

私がやってきた方法をすべて紹介します。

◆デザインは後回し。デザインより大切なこと

ブログを始めようと決心していざやろうとしたときにつまづくのがデザインです。誰だって綺麗、かっこいい、かわいいデザインにしたいものです。

よく目にする有名企業のホームページなどは綺麗でかっこいいものが多いですよね。ですが、これからブログを始めようとする方がいきなり大企業と同じようなかっこいいデザインにする

必要はありません。

ブログやホームページを作成する目的は営業です。ブログやホームページで営業をして仕事を獲得することが目的ですからデザイン性は二の次でいいのです。もちろん見た目の良し悪しで判断されることもないとは限りません。誰だってかっこ悪く、古臭いデザインより今どきのかっこいい方がいいなと思うでしょう。

ですが、目的は仕事を獲得することですから、大切なのはデザイン性よりもコンテンツの中身や申し込みにつなげられるかどうかです。

ブログやホームページに何を書いているのか、何が書かれているのか、何を伝えようとしているのかが大切です。

デザイン性を考えるよりもまずはこれらを考えるべきなのです。字が小さすぎて見にくかったり、スマホ表示に対応していなかったり、チカチカして見にくいなど特にひどい問題がなければデザインはそこまで考えなくてもよいです。

◆やりたいことが出てきてから

とはいえ、デザインにもこだわりたいと考える人もいるでしょう。

WordPressには無料のテンプレートがあります。最初はそのなかから気に入ったものを選んでみるのもいいでしょう。無料であってもデザイン性が悪くて見にくいといったことはありません。

私も最初は無料のテンプレートを使っていました。何度かブログのデザインは変えましたが、ブログは今でも無料のテンプレートを使用しています。ブログはもう何年も同じデザインのままですが、何ら問題ありません。

ホームページについては最初は無料のテンプレートでしたが、途中で有料のテンプレートを購入して使っています。有料のテンプレートを購入した理由はやりたいことが出てきたからです。

「もっとこれをアピールしたい」、「ここに表示したい」、「スマホで見たときにここを消したい」など、こうしたいと思えることが出てきたら、それを実現できるテンプレートを探すようにした方がよいです。

テンプレートに頼らずに知識を得て自分でカスタマイズするのもひとつの方法です。

知識があればやりたいように変更できるようになります。ですが、その知識を得るために時間をかけなければいけません。もちろんある程度の知識はあった方がいいのですが、細かいところを気にするよりもっと大切なことがあります。ブログやホームページのカスタマイズはやりだすと止まりません。気が付くとかなりの時間が経っていることもよくあります。あまりにこだわり過ぎて時間をかけないように気を付けましょう。

◆自分で更新や変更ができるように

ブログやホームページを作成するときにはWordPressをオススメしています。検索すればたくさんの情報が出てきますから、調べながら自分で作成することもできるでしょう。不安な方は最初の設定などはお金を払って業者にお願いしてもよいでしょう。私の場合はブログセミナーに参加して、そこで最初の設定を手伝ってもらいました。

ただそこで気を付けたいのは「自分で変更や更新ができること」です。

もちろん高額すぎる業者を選ばないようにすることも大切です。作成の依頼をする場合にはいくつか見積もりを取ってみるべきです。作成費用を抑えるのは当然ですが「自分で変更や更新ができること」を必ず確認するようにしましょう。

ホームページができた後にちょっとした変更をしたい、少し文言を変えたいというだけで業者に連絡して追加料金がかかるようでは困ります。必ず自分で変更できるかを確認するようにしましょう。

◆ホームページ作成の丸投げはダメ

ホームページの作成を依頼するにしても丸投げではダメです。

ホームページ作成会社は丸投げであっても受けてくれるでしょう。丸投げの方が細かい指示がないため手間がかからないかもしれません。ですが「よくわからないから丸投げする」のはやめましょう。

・ホームページで何をしたいのか
・ターゲットはどんな人か
・申し込み方法はどうするか
・デザイン

などは伝えるようにしておくべきです。

ホームページ作成会社はホームページを作成することが仕事ですから、依頼すれば作ってくれるでしょう。依頼するのであればデザインのイメージなども伝えておくべきです。できれば税理士のホームページを作成したことのある業者にお願いした方がよいでしょう。業務内容を理解してくれている方が細かいところまで気を付けてくれるものです。

◆まずは記事更新

デザインは後回しにして、まずやるべきことは記事の更新です。

記事数は多ければ多い方がいいです。50記事より100記事、200記事、300記事とどんどん増やすべきです。増やせば増やすほどお客様の目に触れる機会が多くなるからです。

デザインであれこれ悩むよりもまずは記事を増やすことが大切です。

記事を増やすといってもただやみくもに増やせばいいわけでもありません。記事を外注することもできれば避けたいところです。

大切なのは「お客様の悩みを解決すること」です。

e-Taxの始め方を知りたい人にe-Taxがいつから利用され始めたのかなどを説明しても仕方ありません。e-Taxを始めるためにまず何をして、どうするのか、を書かなければいけません。悩みを解決する記事を書く必要があるのです。悩みを解決できないとその人はもう見にきてくれないかもしれません。

よく企業のホームページで「よくある質問」の回答ページの最後に「この回答は役に立ちま

したか？」と表示されることがあります。そこで「はい」と思ってもらうことをイメージするとわかりやすいでしょう。自分のブログやホームページを訪れた人が「役に立ちましたか？」の質問に「はい」と回答してもらえるように記事を書くのです。

そのためには訪れる人が何に困っているのかを知らなければいけません。困っていることがわからなければ解決する記事を書くことはできません。

ここでも重要となってくるのはお客様の言葉です。第３章でも述べたようにお客様の言葉は非常に重要なのです。お客様から質問されたことを覚えておいて、それについて記事を書くようにしてみましょう。

守秘義務がありますから、お客様とのやり取りをそのまま書くことはできませんが、質問された内容とその回答を記事として書くのです。質問された内容は他の人も疑問に感じていることが多いものです。

自分で何かを調べようとしてよい情報が出てこなかった内容も覚えておきましょう。

「よい情報が出てこない＝誰も書いていない」ということです。解決する記事を書けば読んでもらえるようになるでしょう。

◆ネタ探しが大変

税務をまったく知らないお客様からの言葉によって「どこからわからないのか」、「これも説明した方がいいのか」などの新たな気づきがあるのです。

お客様から質問されたことは記事のネタになりますから、メモをしておくようにしましょう。私は独立してから、打ち合わせ中に受けた質問はメモ用紙にササっと書くようにしています。打ち合わせが終わった後にEVERNOTEなどにもう一度しっかりとメモしています。

これは独立する前であってもできることです。独立前の方はぜひ今日からでもお客様から聞かれたことはメモをしておきましょう。それが記事のネタになるかもしれません。私ももっと早く気付いていればと後悔しています。

余談になりますが、記事の更新で大変なのは文章を書くことではなくネタ探しです。最初は文章を書くことが大変なのですが、慣れてくれば文章を書くこと自体はそれほど苦ではなくなります。大変なのは何を書くかを考えることです。

文章を書くことに慣れていると、ネタさえ決まればそれほど時間をかけずに記事を更新できるようになります。いかにネタを探すか、ネタを見つけるかが大切になってくるので、たくさんあればあるほどいいのです。

2 ブログでないとダメなのか？

ここまで説明してきたようにＷＥＢを活用した方がいいのは間違いありません。ではＷＥＢを活用するためにはどうすればいいでしょうか？

ブログやホームページのほかにもＳＮＳやYouTubeなどいろいろな方法があります。私の場合はブログとホームページをメインに活用していますが、人によってはYouTubeやＳＮＳの方が合うケースもあるでしょう。

成果が出るかどうかも大切なのですが、自分に合っている方法かどうかも重要です。ＷＥＢを活用したとしても実際に仕事を獲得するまでにはかなりの時間がかかるからです。私の場合は本格的にホームページを更新するようになってから仕事の依頼があるまで半年かかりました。半年間は新規の依頼がまったくなく、ひたすらホームページを更新していたのです。営業のためとはいえ自分に合った方法でないと継続するのは大変です。

成果が出るまで続けることがとても重要なのです。

◆何を使うか？

ブログやＳＮＳなど、どれを使うのかは自分に何が合っているのかが重要です。しばらく継続するためにも合っている方法の方が続けやすいからです。

ブログのように長文を書くのは苦手だから Twitter を頑張るといった方法でもいいでしょうし、話すことは苦ではないから YouTube をやってみるというのもいいかもしれません。

ですが、できればＳＮＳだけというのはやめた方がいいでしょう。

よくブログはストック、ＳＮＳはフローといわれます。ブログ記事は資産となり数年経っても検索で読まれる可能性がありますが、ＳＮＳはそうではありません。ＳＮＳの投稿は常に流れているため、しばらく経ってから検索で読まれることは少ないでしょう。

ブログのよいところは一度ＷＥＢ上に記事を投稿すればずっとそれが資産として残ることです。現に本書を執筆しているのは２０２３年ですが、私のホームページで一番読まれている記事は７年前の２０１６年に投稿した記事です。７年前に投稿した記事が今でも一番多く読まれています。

ＳＮＳではこうはいかないでしょう。ブログ記事は一度投稿すれば寝ているときも年中無休で営業してくれているようなものなのです。それも数年にわたってずっとです。もちろん年数が経てば検索結果が変わり、上位表示されていたものがどんどん順位を下げてしまうこともあります。それでもその記事がなくなってしまうわけではありません。数年後も読まれ続けることを考えると記事が残るブログを活用した方がいいでしょう。

本気でやるならWordPress

本気でブログで営業をしようと思っているのであればWordPressをオススメします。WordPressをオススメする理由は

- SEOに強い
- 専門的な知識がなくても大丈夫（知識はあった方がいいですが）
- 誰でも使える
- 自分好みにカスタムしやすい
- 利用者が多い
- お金はそれほどかからない
- スマホ表示対応

などがあります。

※ＳＥＯとは検索エンジン最適化のことです。検索したときに上位に表示されるようにすることです。「ＳＥＯに強い」というのは検索で上位に表示されやすいということです。

ＳＥＯに強いのでGoogle検索で上位表示されやすいです。もちろん記事の内容など様々な要因により順位は変わりますがＳＥＯに強いのは間違いありません。そして誰でも使えます。専門的な知識など必要なく、誰でも自分好みにカスタマイズができます。デザインのテンプレートが豊富にありますし、やりたい設定ができるプラグインもたくさんあります。

私はブログに関する知識はありませんでしたし、ＩＴやプログラミングの知識もありません。プログラミングに関してはまったくわかりません。それでも8年以上ブログを更新することができています。８年以上やっていて、まったくプログラミングの知識がないのも問題かもしれませんが、逆にいえばまったく知識がなくてもできるということです。

何度かトラブルもありました。ブログが真っ白になり表示されなくなったこともあります。知識がないため対応方法がわからず非常に焦りましたが、WordPressは利用者が多いためトラブルが起きたときには対応方法を検索すれば何かしら情報が出てきます。

このときも検索して調べることで何とか自分ひとりで対応することができました。利用者が多いためトラブルの対応方法もたくさん情報があるのです。

WordPressはお金もそれほどかかりません。年間で2万円程度と考えておけばいいでしょう。月額2千円くらいです。有料のデザインテンプレートを購入するとその費用がかかりますが、無料のテンプレートもたくさんありますので、それほどお金はかかりません。私もしばらくは無料のテンプレートを利用していました。

現在は当たり前になっているスマホ表示にも対応しています。スマホで検索する人が増えていますからスマホ表示は必須です。あまり見かけなくなりましたが、スマホ対応していないサイトは非常に見にくいので避けた方がよいでしょう。

◆ブログに何を書くべきか

ブログはセルフブランディングにとって大切だと何度も繰り返し述べてきました。ですが、ただブログを書けばいいだけではありません。当然ながら書く内容が重要となります。日記をいくら書いても仕事の依頼は来ないでしょう。仕事の依頼につながるような内容を書かなければいくらブログを更新してもまったく仕事にはつながりません。

私もブログを始めた当初はやり方を間違えていました。

1年半くらい毎日2千字から3千字くらいのブログを更新していたのにまったく問い合わせがなかったのです。とにかくアクセスを増やそうと必死に頑張っていました。今思うと仕事の獲得にはまったくつながらないことに一生懸命でした。当時はまだ税理士事務所に勤務していたので依頼がなくても焦ることはありませんでした。

独立してからガラッとやり方を変えたことで依頼が来るようになったのです。

私がブログとホームページを分けた理由はプライベートと仕事を分けるためです。

プライベートのブログについては自分を知ってもらう記事を書きます。仕事につなげるためには「仕事の記事」が大切となります。仕事の記事に何を書くか？　これが非常に重要です。書くのは、専門家としての記事です。

税理士であれば税務の記事を書くことはできます。しかし、ただ税務の記事を書けばいいわけではありません。税務関係の記事は税理士でなくても誰でも書くことができます。それこそネットで検索した内容をコピペするだけでそれなりの記事が書けてしまうでしょう。ですが、それではダメです。誰でも書けるような記事をいくら増やしたところで仕事にはつながりません。

ただの税務の記事を専門家としての記事にするのです。

専門家である税理士が書いている記事が圧倒的に少ない状態です。税理士が書いている時点で専門家としての記事になります。そこにプラスアルファとして体験談などを入れるとより信頼性が増します。

・こんな失敗をして大変だった
・税務署からこんなことを指摘された
・銀行との交渉で上手くいったやり方
・喜ばれた節税の提案

などなど。成功や失敗など体験談を入れることでより深い専門家としての記事になり、あなたしか書けないものになります。失敗談を書くのは勇気がいるものですが、ぜひ書きましょう。

3 ブログは毎日更新しなければいけないのか

ブログを始めてみると悩むのが更新頻度です。毎日更新する必要があるのかは悩みどころです。ブログをある程度続けていくと「毎日更新」か「不定期更新でしっかり書く」のどちらがいいのかで意見が分かれます。

ブログやホームページの更新で大切なのはＳＥＯだと考えられています。上位に表示されなければ、せっかく記事を投稿してもなかなか読んでもらえません。少しでも上位表示されるようにしたいのです。ただ、上位表示される明確な基準などはないため、非常に難しいのが現実です。

時間をかけて長文を書き、力を入れて書いたとしても上位に表示されるとは限りません。逆に力を抜いてサッと書いた記事が上位に表示されることもあります。

渾身の記事が書けたと思っても上位表示されるかはわかりませんから、毎日更新で中身の濃い記事を書き続けるのは大変です。毎日それなりの分量で上位表示を狙えるような、しっかりとした記事を更新し続けることは現実的にはできないでしょう。かといって中身の薄い記事を毎日更新していてもまったく上位表示されませんので読まれることもありません。

そのため「毎日更新」か「不定期で濃い記事を書く」かで意見が分かれるのです。

◆毎日更新のブログ・不定期更新のホームページ

私の場合はブログは毎日更新していますが、ホームページは不定期更新にしています。

つまり仕事以外の記事は毎日更新、仕事の記事は不定期更新です。ブログは独立前から始めており、毎日書くことが習慣となっているので続けています。好きだから続けられています。

ホームページは作成した当初は１日に複数記事を毎日更新していました。ある程度の記事数になってから不定期更新に切り替えました。

ブログは感じたこと、思っていること、好きなことなどを自由に書いているのでSEOなどはまったく意識していません。

ホームページの記事はある程度の質を意識して更新しています。特には、

- 検索して見つけてもらう
- 悩みを解決できるように

これらを気を付けています。

質を意識すると文字量もそれなりの分量となります。私はだいたい2千字から3千字くらいの記事を書くことが多いです。もう少し多くなると5千字くらいになることもあります。特に多い記事だと2万字近くになることもあります。

ホームページを作成した頃（2016年頃）はありがたいことに上位表示されることが多く、今よりもたくさんの人に読まれていました。

当時は今よりも個人のブログやホームページが上位表示されやすかったこともあります。

◆最初は毎日更新

ブログを始めた最初の頃は毎日更新をオススメします。理由は、

- 書くことを習慣にするため
- 書く力をつけるため

この2つのためです。

ブログを始めてみると最初は書くことがものすごく大変です。私は今では早ければ15分から20分くらいでブログの更新ができるときもありますが、始めた頃は2、3時間かかっていました。

当時は勤務しており、子供たちが小さかったので子供たちを寝かしつけた後にブログを書いていました。更新は日付が変わるギリギリになっていたこともあります。それだけ時間がかかっていたのは書く内容が濃く、文字量が多かったのかというとそういうわけでもありません。単純に文章を書くことに慣れておらず、何を書けばいいか、どうやって書けばいいのかがわからなかったからです。

習慣にするためには絶対に継続が必要です。毎日更新ではなく、休日は休んで平日に更新するのでもいいでしょう。とにかく習慣になるまでは頑張って続けることが必要です。不思議なことにしばらく更新を休んでしまうと書く力が衰えていることを感じます。8年以上ブログを書き続けていてもそう感じます。

私はホームページの記事を不定期に更新しているので、ホームページに新たに記事を書こうとすると最初はなかなか書けないのです。書き方を忘れてしまったような感覚になります。書き始めてしばらくすると何となく感覚が戻ってきて書くことができるようになります。ブログは毎日書いているにもかかわらずこのように感じることがあります。習慣をつけるため、書く力をつけるために毎日書くことは大切です。

後述しますが、出版を目指すためにも書く力は必要となります。

◆目立つ

もうひとつ、毎日更新をオススメする理由があります。それは目立つことができるからです。ブログを書いている税理士は少数です。そのなかで毎日更新している税理士となるとさらに少なくなります。

この時点でかなり絞られているわけです。ただ続けているだけで目立つことができるのです。ブログを毎日更新している税理士を探してみるとその地域では一番になれるかもしれません。

意外と「千代田区　税理士」などのように地域名で税理士を探す人も多くいます。ブログを続けているだけで上位表示されれば仕事の依頼が来る可能性もあるのです。

いかにブログを見てもらうか、見つけてもらうかは非常に重要です。それが続けているだけで目立つことができるわけですからやらない手はありません。

毎日更新したからといって余計にお金がかかるわけでもありませんし、ぜひ挑戦してみていただければと思います。

4 ホームページから問い合わせをしてもらうために信用を得る

ＷＥＢで検索をすることが当たり前になってもＷＥＢで探した税理士に依頼をするのはまだハードルが高いようです。ネットショッピングをするのとはわけが違います。本当に大丈夫か、詐欺ではないか、と不安を感じる方も多いです。実際に最初に「詐欺じゃないですよね？」と聞かれたこともあります。年配の方はＷＥＢで申し込むことに慣れていないケースが多く、騙されているかもしれないと不安に思う方もいます。

会ったことのない税理士に依頼をしようと思ってもらうためには信用してもらうことが大切です。私もＷＥＢで探した司法書士に仕事の依頼をしたときに信用できると感じた人にお願いしました。信用してもらうために私は以下のことを気を付けています。

- 共感
- 複数回の閲覧
- プロフィール

ＷＥＢを利用して仕事の獲得を目指すならこれらを意識しておいた方がよいでしょう。

◆共感してもらう

「あっ私と同じだ」と思ってもらうことが非常に重要です。趣味、好きな食べ物、好きな映画、好きな漫画、使っているスマホ、出身地、生年月日、身長、など何でもいいので「私と同じ」だと思ってもらえるとそれだけで一気に親近感を持ってもらえます。

その人のことを知るためには、実際に会って話をすることができれば一番いいでしょうがWEBではなかなかそうもいきません。Zoom等を利用することも考えられますが、そもそも最初の問い合わせをしてもらうことが大変です。

問い合わせの第一歩を踏んでもらうためには共感が必要となるのです。

◆自分のことを発信する

共感を得るために私がやっているのは、自分を出すことです。常に発信することで何かしらの共通点を見つけてもらいたいと考えています。

「そんなに書いていいの?」と言われたこともあるくらい自分のことを出しています。好きな食べ物、日々感じたこと、読んだ本の感想などもブログに書いています。それはアクセス数を増やしてブログから広告収入やアフィリエイトの収入を得るためではありません。私もそれが好き、私もそう思っていた、私もその本を読んだ、など共感を得ていただくのもひとつの目的なのです。

私はブログが好きなので更新しているのですが、何かしら共感をしていただきたいと思っています。

セルフブランディングにおいて、「共感」というのは親近感を持ってもらうといったことから、とても重要です。「自分とは違う世界の人」と思われてしまうと問い合わせをするハードルが高くなってしまいますので、それを避けるために「自分と同じだ」と思ってもらう必要があります。

◆複数回見てもらう

一度会っただけの人より、二度三度と会った人の方が覚えているのはもちろん、何となく好感を持てるのではないでしょうか。これはリアルだけではなくＷＥＢでも同じことがいえます。

私も実際にあるのですが、何か調べものをするときには検索していくつかのＷＥＢサイトを見るでしょう。

調べものをしていて何度か同じＷＥＢサイトにたどり着いたことがあります。「あれっ見たことあるな」と思って確認してみると先ほど見たＷＥＢサイトと同じだった、ということが何度もあります。調べものをしていて同じＷＥＢサイトにたどりつくということはそのＷＥＢサイトはその件について専門的な内容が書いてあるということでしょう。

何度も同じＷＥＢサイトを見ているとそれ以降、そのＷＥＢサイトを見ると何となく知っているような気になってしまうのです。勝手に親近感を感じるわけです。

そこまで感じられなくても「このＷＥＢサイトよく見るな」と思ってもらうのが目標です。何度も目にすることで問い合わせまでのハードルを下げることができます。

何度も目にしてもらうためにはそれなりの記事数が必要となりますし、有益な情報を書く必要があります。一度読んでもらっても得るものがないと思われてしまっては次に読んでもらうことはできません。

◆プロフィールも大切

共感を得るためにはブログ記事だけでなく、プロフィールも非常に大切です。検索で自分のブログやホームページに興味を持ってもらいそこからさらに問い合わせまでしてもらうためには、先ほどから述べているようにどんな人かを知ってもらう必要があるのです。

どんな人なのかを知ってもらうのに手っ取り早いのがプロフィールです。
プロフィールがないと問い合わせをしてもらえないとまで考えておいた方がよいでしょう。

◆どんなプロフィールにするか

プロフィールの一番の目的はどんな人かを知ってもらうことです。知ってもらうといっても経歴などを並べただけの履歴書ではダメです。学歴や職歴は書いてあった方がいいでしょうが、ただそれらを並べただけでは意味がありません。

履歴書のようなプロフィールは面白くないですし、誰も読んでくれません。

ブログやホームページを見て気に入ってくれた人はかなり高確率でプロフィールも見てくれます。プロフィールを見ていただけるということは自分に興味を持ってくれているということですから、そのプロフィール次第では問い合わせをしてもらえるかもしれないのです。

ブログやホームページの記事をいくつか読んでいただければ自分のことを知ってもらえるかもしれませんが、読んでいただけたのがひとつの記事だけだと自分のことを知ってもらうのは難しいでしょう。

◆プロフィールに書くべきこと

プロフィールは履歴書にしてはいけないと述べました。では何を書くべきかというと、自分のことと仕事の実績です。

まず自分のことについてです。これはブログに何を書くかでも述べたのですが、プロフィールには基本的なことを書いておきます。

私がプロフィールに書いているのは以下のようなものです。

- 何を得意としているのか
- 何が苦手なのか
- 何ができるのか
- 何を大切にしているのか
- 好きな食べ物
- 好きな本
- 好きな映画
- 趣味
- 家族構成

・使っている道具
・出身地
・略歴

などです。プロフィールは変わることがあるため、定期的に見直しをしています。考え方、使っている道具、好きな本などは変わることがあるため定期的に見直しをしているのです。好きな漫画や好きな映画を書く必要があるのか？　と聞かれたことがあるのですが、これらは書いておいた方がいいです。実際に「私もあの漫画が好きなんです」や「あの映画いいですよね」と言われたことがあります。私はディズニーが好きでそのこともプロフィールに書いています。そのためディズニーの話題で盛り上がることもあります。

これらが依頼の直接の要因になったわけではないかもしれませんが、先ほど述べたように共感してもらえたことは間違いありません。

出身地が同じだったことや、子供の年齢が同じだからという理由で問い合わせをいただいたこともあります。何が共感を得るかわかりませんので、とにかく自分の情報を出せるだけ出しておいた方がいいのです。

ただ、何でもかんでも書かなければいけないというわけではありません。実は私もプロフィールやブログに意図的に書いていないことがあります。「こんなに書いて大丈夫なの？」と聞かれるくらい自分のことをブログに書いているのですが、それでもあえて書いていないこともあるのです。書きたくないことは書かなくても問題はありません。

プロフィールに書くべきもうひとつの大切なことは、仕事の実績です。何を得意としているのか、どんな実績があるのかをわかりやすく書きましょう。

特に実績については細かくもれなく書いておくべきです。出版した本、執筆の実績、セミナーの実績、講演、テレビやラジオの出演などの実績はすべて書いておきましょう。

信頼を得るために実績を示しておくのは非常に有効です。実績によってどんな仕事ができるのか、どれくらいの仕事ができるのかを把握してもらいやすくなります。

もし独立したばかりなどで書ける実績がない場合には、どんな仕事ができるのか、何が得意なのかを詳細に書いておきましょう。どのような仕事を何年経験してきたのか、どのような事例を対応してきたのかなどを書いておくのもいいでしょう。

◆問い合わせをしてもらうための「わかりやすい」

ＷＥＢから問い合わせをしてもらうために私が気を付けていることはわかりやすさです。税理士は専門用語を使っていて話がわかりにくいとよく言われます。

私の場合は、ブログやホームページから問い合わせをしてもらうのは税理士ではなく税務を知らない人です。税務を知らない人に向けて書いているのに専門用語を連発しているようでは読んでもらえません。

普段、お客様と話すときにも専門用語を使ってしまっているかもしれませんが、お客様と話しているときであればお客様が理解できないときには質問を受けることでしょう。もしくは重要なことでなければスルーされているかもしれません。

お客様が理解できるように専門用語を使わずわかりやすく伝えることは意識されている人も多いでしょう。これはＷＥＢでも同じです。

◆どんな言葉で検索するか？

まず誰に読んでほしいのかを考えます。

誰に読んでほしいのか？　をハッキリさせたうえでその人がどんな言葉で検索するか？　についても考えましょう。

税務をまったく知らない人が「パソコン　耐用年数」などで調べることはないでしょう。

「耐用年数」を知らないからです。おそらく「パソコン　経費」などで調べることでしょう。税理士向けであれば減価償却資産の耐用年数を調べることがあるでしょうから「耐用年数」と書いた方がいいわけです。

重加算税を説明するときにも「仮装　隠ぺい」とするのか「脱税」、「不正」と書くのか。まったく知らない人に向けるときには「脱税」や「不正」と書いた方がよいでしょう。加算税について知らない人は「加算税」ではなく「罰金」で調べることが多いでしょうから、「脱税罰金」といった言葉で書いた方がわかりやすいのです。

厳密な意味の違いが出てくるときもあるかもしれませんが、相手にとってわかりやすい言葉を使うべきです。

◆8つのわかりやすいが大切

専門用語を使わずにわかりやすい言葉を使うのは非常に大切です。それ以外に大切なことが8つあります。

1　ターゲットがわかりやすい

2　ターゲットの不安や悩みがわかりやすい

3　サービス内容がわかりやすい
4　サービスを受けるとどうなるのかがわかりやすい
5　信念がわかりやすい
6　お客様の声がわかりやすい
7　料金がわかりやすい
8　申し込み方法がわかりやすい
ＷＥＢで営業するうえではこれらを意識しておく必要があります。

1　ターゲットがわかりやすい

誰に向けて営業するのかは非常に重要です。税理士向けなのかそうでないのかでも記事の書き方がまったく違います。

大企業向けなのか中小企業向けなのか、法人向けなのか個人向けなのか、すでに顧問税理士がいる人なのか税理士に依頼したことのない人に向けてなのか。

私がターゲットとして考えているのは「個人事業者で税務調査に困っている人」です。単純に「税務調査に困っている」にすると法人も対象となってきますし、個人事業者と入れておかないと相続も含まれてきます。

個人事業者であっても相続の税務調査のケースもあるでしょうが、相続は対応できない旨を書いています。自分が提供しているサービスが誰に向けてのものであるのかをわかりやすくしておきましょう。依頼を検討しているお客様に対して自分が対象となるのかをハッキリと理解してもらうことが目的です。対象外のお客様からの問い合わせをなくすためでもあります。

ターゲットをハッキリさせるために「○○な方」と記載しておくとわかりやすいです。私の場合であれば、

- 税務署から税務調査の連絡があって不安な方
- 税務調査の連絡があったけどひとりで対応するのは不安な方
- 指摘されたらどう答えていいかわからない項目がある方
- 帳簿などがないけどどうすればいいかわからない方
- 税務調査の事前対策から当日の立ち会いや修正申告まですべて対応してほしい方

といった形で書いています。どういった人がこのサービスの対象なのかを具体的に書いておくことで「自分に当てはまる」と思ってもらえます。

「このような人を対象としています」と明確にしておきましょう。

2　ターゲットの不安や悩みがわかりやすい

誰に向けたサービスなのかを明確にしたところで次はどんな不安や悩みがある人に向けたものなのかも書いておきましょう。私の場合はホームページに次のように書いています。

- 税務調査の連絡が来てから食べることができない・眠れない
- 何をしていても税務調査のことを考えてしまう
- 帳簿も領収書などもないしどうすればいいかわからない
- 売上金額を除外したりごまかしてしまっている
- 税務署のいいなりでたくさん税金が取られるのかも
- 税務調査ってガサ入れみたいなことをされるの？
- 税務調査で逮捕されたりするの？
- どれくらいの追加納税が発生するの？
- 罰金ってどれくらい発生するの？
- 税務調査の連絡があったけどひとりでは不安
- 税務調査って何を見られるの？
- 税務調査で怒鳴られたり怒られたりするの？

このような悩みや不安を抱えている人の力になれます。自分のサービスがどのような不安や悩みを解決できるのかを書いておいた方がわかりやすいのは間違いありません。

・このまま相続が発生したらどれくらいの税金が発生するのか不安
・相続税が払えないくらい多額だったらどうすればいい？
・いつも資金繰りに困っているのでどうにかしたい
・このまま個人事業を続けるべきか法人成りするべきか
・副業の収入が増えてきたけど税金の手続きは何かしないといけないのか
・毎月の試算表ができるのが遅いのでどうにかしたい

など不安、悩み、困っていることなど自分のサービスで解決できることをなるべく細かく書いておくようにしましょう。

依頼者は自分がこのサービスを利用できるのか、本当に悩みが解決できるのかと心配です。その心配を取り除くためにも解決できる悩みや不安はできるだけ書いておくようにします。

3　サービス内容がわかりやすい

どんなサービスなのかがわからないと依頼をしてもらえません。「税務調査の対応をします」

だけだと具体的に何をしてくれるのかわかりません。

事前に相談はできるのか？　立ち会いはしてもらえるのか？　税務署とのやり取りは？　など疑問に思われます。私も当初は「税務調査対応」しか書いていなかったのでお客様からいろいろと質問がありました。

私の場合は税務調査対応であり、お客様が非常に不安に感じていることが多いため具体的な相談内容や対応範囲については個別に対応するようにしています。

・税務調査前に事前対策をいたします。
・税務署とのやりとりは原則として税理士である内田が行います。
・税務調査がなるべく早期に終わるように対策します。
・税務調査で指摘された事項についてなるべく有利になるよう交渉します。
・用意しておくべき資料などについてお伝えいたします。

ご自身のサービス内容に応じて記載する範囲は変わるでしょうが、大切なのはどんなサービスなのかが明確にわかることです。

4　サービスを受けるとどうなるのかがわかりやすい

あなたのサービスを受けたり購入した場合にどうなるのかを書いておくことも重要です。サービスを受けた後に悩みや不安がどうなるのか、困っていたことがどうなるのかなど結果や未来をイメージできるように書いておきましょう。

税理士に依頼をしようと考えている人は何かしら悩みがあるものです。節税したい、自分で会計処理をできるようにしたいなど様々な要望があるはずです。それらがどうなるのかをわかりやすく書いておきます。私の場合は以下を書いています。

- 税務調査に対する不安が減ります。
- 税務署と直接やりとりをする必要がなくなります。
- 修正すべき事項が少なくなる可能性があります。
- 税務署からの連絡が怖くなくなります。
- 税務署の指摘が妥当なのかの判断ができますので不当に高い税金を払う必要はありません。
- 今後の税務調査でどのように対応すればいいのかわかるようになります。

不安が減る、税務署と直接やり取りする必要がなくなるなどは書かなくても想像できるものです。ですが、あえてしっかりと書いておくことでより明確にサービスを申し込んだ後の状態をイメージしてもらえます。

依頼していただいた場合にどうなるのかをしっかりと書いておきましょう。

5　信念がわかりやすい

ＷＥＢで営業するうえでは自分の信念を書いておくとよいです。何を大切にしているのか、何を重視しているのか、どのような思いで仕事をしているのかを書いておきます。自分が何を重視しているのかをあらかじめ理解していただくことで共感を得られる可能性もあります。信念を書いておくことでミスマッチも減らすことができます。依頼者もまったく考えが合わない税理士に依頼したいとは思わないでしょう。

依頼者は適正な税金を支払うことで早期に税務調査を終わらせたいと思っているのにとにかく税務署と争うような税理士を選んでしまうと大変です。ムダな税金は一切払いたくない、ギリギリまで節税したいと考えている人は節税に積極的な税理士と考えが合うでしょう。

日頃からブログで自分のことを発信しておくことは非常に大切ですが、仕事に関する信念についての基本的なことはわかるところに表示するようにしておきましょう。先ほどプロフィールの重要性について書きましたが、信念も大切です。

6　お客様の声がわかりやすい

ＷＥＢでショッピングするときにはお客様の声を確認する人が多いのではないでしょうか。私もAmazon等で何かを購入しようと思ったときにはついレビューを見てしまいます。本当に必要なものであればレビューやお客様の声に関係なく購入するのですが、迷っているときにはレビュー等を参考にすることもあります。

お客様の声も信念と同様に意外と読まれていますので、しっかりと記載しておきたいところです。お客様の声を読んでいただいて「私もあの人と同じ状態でした」、「私も同じように感じていて」などの感想をいただくことが多いです。

前述した悩み、困っていることなどもそうですが、「私と同じだ」と思っていただき、サービスを申し込んだ後の状態をイメージしやすくなります。そうすることで申し込みのハードルを下げることができます。

ある程度お客様が増えてくれば、声を集めることはできるでしょう。直接「お客様の声をください」というとなかなかもらえないかもしれませんが、普段の何気ないやり取りのなかで感謝されたことなどを記録しておくのです。「ありがとう」、「助かった」などの声を記録しておき、それをお客様の声としてホームページに掲載するのです。

お客様の名前はなるべく実名の方がよいでしょう。私もお客様の承諾をいただけた場合は実名で掲載しています。そうでない場合は匿名等にしています。

お客様の声が大切とはいえ、最初はお客様の声を集めるのは大変です。開業したばかりですと、そもそもお客様がいませんので集めようがないのです。私の場合は税務調査のサービスを開始したときに価格を下げていたこともあり、お客様の声がなくても申し込みをいただけました。競合が少なかったことも影響していたかと思います。申し込みいただいた方から感謝の言葉をいただいたときに記録しておき、それをお客様の声として掲載するようにしたのです。

開業したばかりなどでお客様がいない場合には、価格を下げるか、無料相談等でお客様からの依頼を受けるようにするのもいいでしょう。無料で相談を受ける代わりにお客様の声をいただく、といった形です。あるいはセミナーを開催してそのセミナー後にアンケートをお願いし、そこに感想を書いていただくという方法もあります。

開業当初はお客様の声を集めるのは大変ですが、依頼をいただいた場合には「声」を集めることを意識しましょう。

自分でいくらサービスのよさをアピールしても営業にしか聞こえないこともありますが、他人が勧めてくれることで違った印象を与えることができます。

7 料金がわかりやすい

料金はしっかりわかりやすくしておきましょう。「時価」と書いてあるお寿司屋さんに入りにくいのと同じで、料金がわからないと申し込みをしていただけません。

ただでさえ、税理士に依頼するのはハードルが高いと思われていることが多いです。報酬が高いといったイメージもあるようですのでハッキリと書いておく必要があるのです。追加料金がかかる場合はその旨もしっかりと明示しておきます。

私も当初はハッキリと書いていないところがありお客様から質問をいただくことがありました。

- この場合はどうなるのか?
- 追加料金はかかるのか?
- 結局、トータルでいくらかかるのか?

お客様は当然ながら報酬を気にします。報酬に関係なく依頼をいただけるようになるのが理想ではありますが、それは非常に難しいことです。料金を明確にすることで「高いからやめておこう」と思われてしまうこともあるかもしれませんが、「いくらかわからないからいいや」と思われることはなくなります。

サービスの内容によっては事前に料金を明確に提示できないこともあるでしょう。特殊な事案や想定以上の手間がかかりそうな依頼が来ることもあります。そのような場合には基本料金を示したうえで、注意書きに別途報酬が発生する可能性があることを示しておきます。私の場合は「作業量などにより別途報酬をいただく場合がございますのでその際は事前にご案内いたします。」と書いています。

料金については「～」を使わないことも大切です。「３万円～」となっていると一体いくらかかるのかがわかりません。私は「～」は一切使っていません。

先ほども述べたように、料金を事前に提示すると割に合わないと感じる仕事が出てくることもあります。逆に仕事量に対して報酬が高いケースもあるかもしれませんので、ある程度は仕方ないこととして割り切ることも大切です。

8　申し込み方法がわかりやすい

非常に大切なのが申し込み方法です。どこから、どうやって申し込めばいいのかをわかりやすく表示しておきましょう。私は「お申し込みはこちら」と少し大きな青字にしています。一般的に青字はリンクであると認識されているのでクリックすると申し込みページに移動することは理解していただけているでしょう。この税理士に依頼してみようかなと思ったときにどこから申し込みをすればいいのかがわからないと「やっぱりいいや」と思われてしまうかもしれません。

実際、私も購入の意思を固めて申し込みをしようと思ったら、どこから連絡すればいいのかわからず、申し込みをやめたことがあります。申し込みに誘導する文言があまりに大きかったり、表示頻度が多すぎると押しが強すぎると思われてしまうかもしれませんので、適度にしておきましょう。私は申し込みに誘導する文言はページの最初と最後の2か所に表示するようにしています。

◆出し惜しみをしない

記事を書くときに私が気を付けていることのひとつが「出し惜しみをしない」です。書いている内容については、可能な限りすべて出すようにしています。途中まで書いて肝心な結論を書かないようなことはしません。

何かを調べようとしてたどり着いた記事を読み進めて、肝心な結論が書かれていなかったらどう思うでしょうか？

ＷＥＢで調べているときに途中まで読み進めて「続きは会員登録して」、「結論はお問い合わせください」などを見かけることがあります。私はこのようなものを見かけたら面倒に感じてしまって、その場でその記事を閉じます。

問い合わせまでするような人は少ないのではないでしょうか。おそらくその場でその記事から離脱する人が多いでしょう。

私は「続きはこちら」、「結論を知りたければお問い合わせを」はしていません。記事の中で結論まで書くようにしています。

記事の内容によってはボリュームが多くなってしまうこともありますが、そのときは記事を分けて書くようにしています。

また、ノウハウや経験などはできるだけ書くようにしています。税務調査の記事では、なるべく実際にあった事例を出して説明しています。守秘義務がありますので事実を変えていますが、ニュアンス等が変わらないよう注意して書いています。

- このときはこう対応して問題なかった。
- これを準備していなかったので失敗した。

など実際の体験もできるだけ書いています。実際の体験を書くことがセルフブランディングにおいてお客さまへの「共感」と「信頼」につながります。

体験談はその人だけのものであり、説得力があるものですから信頼を得やすいです。体験談は専門家であることを示すことができるもので、自身のブランディングにもつながります。

◆結論を早めに書く

結論をしっかりと書くことは大切なのですが、結論を書く場所も気を付けています。

結論はなるべく早く書くようにしています。

結論は締めとして、最後に書くことが多いかと思います。でもOKかNGなのかが記事の最後まで読まないとわからないのは読者にとってはストレスになります。

「税務調査は断れるのか?」の記事を書くときには冒頭に結論として「任意だけど実質的に断れない」と書きます。「経費になるかならないか?」の記事についても「この場合は、経費にならない」と先に結論を書きます。

まず結論を書き、その後に説明を書いていくようにします。WEBで検索する人は何かを知りたくて調べているわけです。訪れたサイトを少し見て、なかなか結論が出てこなかったらすぐに離脱されてしまいます。

メルマガは逆に結論が最後に書いてあることが多いです。メルマガは発行者側から届けるものであるため、読もうと思った人だけが読んでくれます。読もうという意思があるので最後まで読んでくれるでしょう。

ですが、ブログはそうではありません。何かを調べたいと思っているわけですから、知りたいことがなかなか書いていないとすぐ別のサイトに行かれてしまうのです。

冒頭に結論が書いてあれば、なぜそうなのかの理由を読んでもらえます。私の場合は先に結論を書くようにしてからの方が問い合わせが増えてきたような実感があります。

私が意識しているのは

- まず結論を書く。
- そしてその理由を書いていく。
- 最後にもう一度結論を書く。

このような形です。自分にとってどのスタイルがいいか検討してみましょう。迷ったら先に結論を書く方法がオススメです。

◆すべて書いてしまったら問い合わせがなくなる？

出し惜しみせずにすべてを記事に書いてしまったら、問い合わせがなくなるのではないか？と思われるかもしれません。

確かに一定の読者は記事を読んだだけで悩みが解決し、問い合わせをしてもらえないかもしれません。

そもそもブログはここまで、この先は有料で、となるといい記事を書くことは難しくなるでしょう。「すべて書く」と決めていれば、読者の悩みを解決できるように精一杯の記事を書こうとするはずです。細かいところは有料で対応しようと思っていると記事も中途半端なものになってしまうでしょう。中途半端な記事で問い合わせしてもらえるとは思えません。

確かに記事にすべてを書くことによって仕事が減る（問い合わせが来ない）といったことはあるでしょう。ですが、わかりやすい・信頼できると思ってもらうことでそれ以上の仕事につながるはずです。

◆真似されることを恐れない

出し惜しみせずすべてを記事に書くときに心配なのは、真似されるのではないか？　です。

第3章で説明したとおり、実際に私も税務調査の記事を真似（そのままコピー）されたことがあります。

これは発信している以上は仕方のないことだと割り切るべきです。もちろん丸々コピーしているような記事にはそれなりの対応をすべきですが、真似をされることについては仕方ありません。

本を出しておいて「本には書いたけど真似はしないで」というのもおかしい話です。ブログより本の方が影響力はあるでしょうから。

成功している人を徹底的に真似する、といった考えもありますから、ブログやホームページなどで発信している以上は真似をされることは覚悟しておくべきです。

発信を真似されたとしても自分の知識や経験まで真似することはできません。

5　申し込みページを作る

いくらブログやホームページを読まれても申し込みページがなければ依頼もされません。

電話番号を記載していれば連絡をいただける可能性もあるでしょう。ですが、電話番号だけ記載があってもなかなか連絡はしてもらえないものです。

ブログやホームページの記事をいかに読んでもらうか。そのために検索順位を上げる必要があるわけですが、ただ記事を読んでもらうためが最終目的ではありません。記事を読んでもらって仕事の依頼をしていただくことが最終目的です。

ホームページには「記事」と「申し込みページ」の両方が必要になるということです。

1　検索によってまず「記事」を読んでもらう。

2　記事を読んで申し込もうと思ってもらう。

3　申し込みページに誘導する。

このような流れを作りたいのです。申し込みページだけあっても依頼はされませんし、記事だけあっても依頼はありません。両方が必要となります。

◆申し込み時の入力項目は少なくする

申し込みページを作るときに気を付けたいのは、書く内容をできるだけ減らすことです。

名前やメールアドレスは必要ですが、何項目も入力をするような形式はやめましょう。申し込みの途中で面倒になり「やっぱりいいや」と思われてしまいます。

私もスポーツイベントのチケットを購入しようと思って、申し込みの途中でやめてしまったことがあります。チケット購入のためクレジットカード情報の入力は必要だとしても、どのチームのファンなのか、なぜそのチームが好きなのか、サイトの改善してほしい点などが必須入力となっており途中で嫌になってしまって購入を見送りました。

入力しなければいけない内容が多いと途中で「やっぱりいいや」と思われてしまう可能性がありますから、できるだけシンプルにするべきです。

私の場合は申し込み時に入力していただくのは下記の3つにしています。

①　氏名
②　メールアドレス
③　相談内容

細かいことについてはやり取りのなかで確認すればいいだけです。実際に仕事を受けるためには、

・税務調査の相談だけなのか
・立ち会いまで希望なのか
・業種

・所得税の確定申告の状況
・消費税の確定申告の状況
・帳簿の有無
などなど他にも確認することはたくさんあります。

申し込み時にこれらを入力項目として加えておけば、申し込みがあった時点である程度のことが把握でき、相談前に対応を検討することも可能です。

ですが、こんなに入力項目が多いと途中で離脱される可能性が高いでしょう。いかに申し込みのハードルを下げるかが大切となります。

◆どこからでも申し込みページに行けるように

申し込みをしようと思ったのにやっぱりいいやと思ってしまうことの原因は
・申し込み時の入力が面倒
・そもそもどこから申し込めばいいかわからない
などがあります。入力項目を減らすことについては先ほど述べました。それ以外に「そもそもどこから申し込めばいいかわからない」があります。申し込みページを作っても、どこから申し込みページに行けばいいかわからないケースです。

何かを解約しようと思ったときにどこから解約すればいいかわからなかったケースはありませんか？　私は何度かあります。

ある有料チャンネルを解約するためにホームページをみてもどこから解約すればいいかわからないことがありました。

結局、電話をしなければいけなかったのですが、すごくイライラしてしまいました。このときは解約が目的だったのでしつこく調べましたが、申し込みだったらここまで調べる前に「もういいや」と思ってしまっていたでしょう。

申し込みページがどこにあるのかをわかりやすく書いておくべきです。

ネットショッピングを例に挙げると商品を見ているときに「カートに入れる」、「すぐ買う」がわかりやすく表示されています。どこから買えばいいのかを迷うことはないでしょう。

このように、どこから申し込めばいいのかをわかりやすく表示しておく必要があります。

◆記事の途中にも表示する

私は記事の途中にも「申し込みページはこちら」と表示するようにしています。

あまりに表示が多すぎると逆に不満に思われてしまうので難しいところですが、少し多いかなと思うくらい申し込みページの存在をアピールしておいた方がよいでしょう。

記事の上部にも書いておきますし、記事の最後にも書く。記事を読んだ人が申し込んでみようかなと思ったときにすぐ申し込みページに飛べるようにしておくのです。

記事は読まれているのに申し込みがないのは申し込みページがどこにあるのかわからないことが原因なのかもしれません。

6 アクセス解析は必要？ PVを追う必要はないけどやるべきこと

ブログを続けていくとどれくらい読まれているのか、どんな記事が読まれているのかが気になるようになります。

私もブログを始めてしばらく経ってからはどれくらいのPVがあるのか常にチェックしていました。PVとはWEBサイトで表示されたページの閲覧数です。

PVが多い方が閲覧数が多いということです。このPVをいかに増やすかを研究していたこともあります。PVを増やした方が仕事の依頼が増えるだろうと考えていたからです。

◆PVを追う必要はない

PVは多ければ多い方がいいのは間違いありません。それだけたくさんの人に読まれているわけですから、仕事につながる可能性も増えるかもしれません。10人に読まれるよりも100人、1千人とたくさんの人に読まれた方がいいわけです。

ですが、仕事の依頼をしてもらう点でいうと、必ずしもそうとはいえません。

1千人に読まれていたとしても誰ひとりの悩みも解決することができなければ仕事にはつながりません。この人に依頼しても解決できないと思われるからです。

逆にひとりにしか読まれなかったとしてもそのひとりの悩みを解決することができれば仕事の依頼につながる可能性が高いです。

いくら閲覧数が多かったとしてもまったく仕事につながらない可能性があることは知っておきましょう。

◆アクセス解析は少しでいい

どの記事が読まれているか、どれだけ読まれているかなどのアクセス解析は今はあまりしていません。

今やっているのは検索ワードを調べることです。第3章でも出てきましたが、使っているのはGoogleサーチコンソールです。

サーチコンソールに登録しておくと毎月メールが届きます。毎月先月の検索パフォーマンスが届くのです。そこにある「パフォーマンス上位のクエリ」を細かくチェックしています。

パフォーマンス上位のクエリではどのような検索ワードでブログに来てもらえているかを調べることができます。私の場合は

- 個人事業主　外注費　手渡し
- 個人事業主　メガネ　経費
- 税務調査　領収書　裏取り
- 個人事業主　税務調査　体験談
- 税務調査　LINE　見られる

などです。このような検索ワードでブログに来ていただいているということがわかるのです。

◆タイトルや内容をチェック

どのような検索ワードで来ていただいているかがわかったら、次にやるのはタイトルや内容

の修正です。

「個人事業主　外注費　手渡し」で検索された記事が本当にその検索ワードと内容があっているのかをチェックします。チェックしてタイトルがあっていなければまずタイトルに同じワードを入れるようにします。「個人事業主が外注費を手渡ししている場合の税務調査対策」などのように検索されるワードを入れます。理由は少しでも検索されやすいようにするためです。すでに「個人事業主　外注費　手渡し」の検索ワードで見ていただいている記事があるからサーチコンソールの結果に出てくるのですが、タイトルがあっていなければあわせることでより読まれる可能性が高まります。

タイトルはあまり長すぎず自然な文章になるようにします。記事の内容がわかる程度に自然であればこだわりすぎなくてもよいでしょう。

やってはいけないのは

- 記事の内容とまったくあっていないタイトルを付ける
- 煽るような過激なタイトルをつける

これらはやらないようにしましょう。いずれも読者の期待を裏切ってしまう可能性があるからです。稀に過激なタイトルをつけて読者を煽るような記事を見かけます。煽るようなタイトルは確かに目立ちますし思わず読んでみたいと思わせる効果もあります。ですが、内容が伴っていなければ信頼を得るどころか逆に反感を買ってしまうこともありますから、やらない方がよいでしょう。

タイトルと内容が違っていたら満足してもらうことはできませんし、次から読んでもらえません。

◆記事の内容を修正

記事の中身もチェックします。

「個人事業主　外注費　手渡し」で検索される方の意図としては領収書がないときにどうすればよいか？　が考えられます。

- 領収書を紛失（そもそも発行していない）した場合に税務調査ではどのような点が問題となるのか
- 領収書がないと経費は認められないのか
- 対策はどうすればよいか

などを記事に追記するようにします。さらには、相手側を調べられる可能性（反面調査）を心配していているかもしれません。支払先の情報をどの程度聞かれるのかについても書きます。

このように検索ワードから何を知りたいのかを想定して、それを記事に反映させるのです。

記事数が増えてくるとこれらの手続きを行うにはかなりの時間がかかります。私は週一回、時間を決めて追記や修正をするようにしています。

◆予期していない検索ワードは重点的にチェック

私が検索ワードを調べる一番の目的は「予期していない検索ワードを見つけること」です。

記事を書くときにはこんな人に読んでほしい、こんなワードで検索されるだろうと予想したうえで書きます。

「初めて税務調査の連絡がきた人に向けて」、「売上除外をしてしまっている人を対象に」など、記事ごとにどんな人に読んでほしいかを想定して書いています。

検索ワードには想定していたワードが並ぶことが多いのですが、中には予期していない検索ワードを見つけることがあります。この予期していない検索ワードはものすごく重要です。

予期していない＝その記事を書いていないということだからです。

記事を書いていないにもかかわらず、読まれているということはその検索ワードに対応する記事を書いている人がいないということです。野球に例えると、その検索ワードにストライクな記事がなくて少しはずれたボールの記事が読まれているということになるわけです。

検索ワードに当てはまるど真ん中のストライクな記事を書けば、検索1位を取れる可能性が高いということです。

私の場合は「自宅サロン　税務調査」の検索ワードがまさにそうでした。

自宅サロンでの税務調査の記事はまったく書いていませんでした。それにもかかわらず「自宅サロン　税務調査」で検索されていたのです。検索されていたのは家事按分を書いた記事でした。自宅家賃の按分に関する部分が検索に引っかかっていたものと思われます。

すぐに自宅サロンで税務調査を受ける場合の記事を書いたところ、しばらくして検索で上位に表示されるようになりました。

他には「レジジャーナル　無い　税務調査」といった検索ワードもありました。このワードで記事は書いていませんでしたが、検索で読まれている記事があったのです。読まれていたのは何も資料がない場合の税務調査対策の記事でした。

すぐに「レジジャーナルが無い場合の税務調査対策」の記事を書いたところ、しばらくして検索1位に表示されていました。

「ゼロ申告　嘘」といったワードもありました。確定申告が間違っていた場合や無申告に関する記事を書いたことがありその記事が検索に引っかかっていたようです。検索ワードを調べていて「ゼロ申告」という言葉が使われていたことに驚きました。

私は今まで「ゼロ申告」といった言葉を使ったことがなかったので検索ワードを調べていなければ使うことはなかったでしょう。

すぐに「確定申告でゼロ申告をしていた場合」の記事を書いてこれも上位表示されるようになりました。他にも同じようなケースがあります。

このように、どのようなワードで検索されているのかを調べることで記事を修正・追加していくことが大切です。継続して行う必要があるので大変ではありますが、欠かせない仕事です。

お客様がどのような言葉を使っているのかを知る機会にもなります。税務調査を「税務署の監査」と言っている方が意外と多いことにも驚きました。税理士からすると税務調査を監査ということはないでしょう。

お客様から聞くことができる言葉ももちろん重要ですが、直接聞くことができる数は限られます。検索ワードを調べることでいろいろと知ることができるのです。

◆読まれている記事は知っておく

ＰＶを追う必要はないと述べましたが、どの記事が読まれているのかは知っておきましょう。よく読まれている記事は検索して来ていただいている可能性が高いです。

検索で来てくれるということは、初めて訪れてくれるページである可能性が高いわけです。初めて訪れたページに誤字脱字が多かったらどう思うでしょうか？　文字が小さく、びっしりで読みにくかったら？　「以前書きました」が多かったら？

また訪れたいとは思えないですよね。

◆内部リンクを貼る

読まれている記事を知っておくのは他にも理由があります。それは、内部リンクのためです。外部リンクは聞いたことがあるかもしれません。外部リンクは自分のサイトと他のサイトとの間のリンクのことです。

例えば、税務に関する記事を書いているなかで国税庁のリンクを貼るとそれは外部リンクとなります。外部リンクは他のサイトを紹介するといったイメージです。このサイトが参考になるから見てください、とリンクを貼ることです。

他者から自分のサイトのリンクを貼ってもらうと外部リンクとなりGoogleの評価が上がるといわれているようです。被リンクといわれ他者から紹介してもらうイメージです。昔は大量の被リンクをしてもらって評価を上げるといった手法もあったようです（ブラックハットSEOといわれるもの）。

今はこのようなやり方は通用しませんので、故意にやるようなことはやめましょう。効果がないどころかデメリットしかありません。

相手から被リンクをもらうということは自分のサイトが有用であると評価されているということです。不正な被リンクではなく、有用なサイトだと評価されたうえで被リンクをしてもらうことは大変重要なことです。

外部リンクは外部とあるように自分のサイトとは別のサイトのことです。そのため自分で増やそうと思ってもできません。

では、自分でできることがないのかというとそうでもありません。

内部SEO

内部リンクというものがあります。

「内部」とあるように自分のサイト内でのリンクのことです。

内部リンクを活用するのは内部SEOをするためです。内部SEOは、自分のブログ内で読者が多くの情報を得ることができるようにするために行うものです。

SEOには外部と内部があります。外部SEOは自分ではどうにもできません。他者が評価することですから自分でどうにかするようなことはできません。ですが、内部SEOは自分のサイト内ですので自分で行うことができます。自分のブログに自分の記事のリンクを貼ることでブログ内の記事を回って読んでもらうことができるのです。

◆まとめ記事を作る

私は内部リンクを使ってまとめ記事を作っています。

「個人事業者の税務調査がすべてわかるページ」を作ってそのページに税務調査に関するすべての記事のリンクを貼っています。「税務調査とは何か?」から「税務調査が終わった後の納税」まで書いています。

そのページを見ていただければ、内部リンクによって、個人事業者の税務調査について、すべてわかるようにしています。

税務調査に関するすべての記事がそのまとめページにリンクしていて、逆に税務調査の記事の一つ一つにそのまとめページへのリンクも貼っています。税務調査のどの記事からでもまとめページに飛べるようにしていますし、まとめページに飛んでいただければ税務調査に関する記事すべてのリンクが貼ってあるので、気になる記事を読んでもらえます。そうすることでブログ内のＰＶがあがりますし、滞在時間も増えます。

何より読者の悩みを解決することができます。

私は税務調査に専門特化する前には「節税策をまとめたページ」、「法人成りするときに知っておくべきこと」のまとめページを作っていました。

まとめページは読まれていたことが多かったので、ある程度記事数が増えたら「まとめページ」を作ってみましょう。

7 YouTubeはやってみる価値がある

ここまでセルフブランディングの手法として、ブログの活用方法をお伝えしました。一番のオススメはブログですが、動画は挑戦してみる価値があります。

私はずっとブログだけしかやっていなかったのですが、試しにYouTubeに動画を投稿してみたところポツポツと依頼をいただけるようになりました。

この原稿の執筆時点でチャンネル登録者数161人、総再生時間26・4時間です。

とても自信をもって「YouTubeをやっている」とはいえない数字です。この登録者数では収益化はとてもではありませんが考えられません。

YouTubeを活用すべき理由は

- 差別化しやすい
- 複数回の接触になる
- 検索されやすい

といったことがあります。

◆チャンネル登録者数や視聴回数は少なくてもいい

わずか161人の登録者数であってもYouTubeをきっかけにした売上金額は200万円近くになっています。動画投稿を始めてから1年と少しです。

これだけの売上金額を得ることができているのは、広告収入を目的にしているのではなく、自分のサービスを売っているからです。

私は動画の最後に「いいねをお願いします」、「チャンネル登録お願いします」とは言ってません。その代わりに「税務調査でお困りの際はご連絡ください」で締めています。

いいねをもらうことやチャンネル登録を目的としていないからです。

ポイントは広告収入を目指すのではなく「自分の商品を売る」ことです。

動画を始めたのは2021年ですので後発です。すでに何人もの税理士がYouTubeを始めていましたし、今さら私がやってもと思ってしまっていたのです。

それに恥ずかしさもありました。YouTubeを始めたら通常はブログやホームページで「YouTube始めました」、「チャンネル登録お願いします」と発信することでしょう。ですが私はいまだにYouTubeを始めたことをどこにも書いていません。

単純に恥ずかしいからです。営業的に考えるといけませんね。

ブログやホームページは文字を読む人向けです。文字を読まない人に向けて始めたYouTubeですから、ブログ等に告知をする必要はなかったという点もあります。

大切なのは濃い視聴者に見てもらうことです。

ブログにもいえることですが、いくら大勢の人に見てもらっても、まったく申し込みをする気のない人ばかりですと仕事にはつながりません。たとえひとりであってもそのひとりが依頼しようと思ってみてくれているならばそのひとりは濃い視聴者になります。

薄い大勢よりも濃い少数が大切ですから視聴回数は関係ないのです。

◆とにかく投稿する！　パソコンのみ・編集しない・サムネイルを作らない

私は動画編集は一切していません。撮影した動画をそのまま投稿しています。理由はとにかく手間をかけたくないからです。

私がYouTubeを始めるにあたって気を付けたのは以下の3つです。

1　一定数まで投稿を続ける
2　完璧を目指さない
3　動画は数本をまとめて撮る

ブログではよく「まず100本書こう」といわれます。すぐに結果がでるものではないので３か月くらいは続けようということです。動画も同じように考えて「まず100本投稿」を目標にしました。

録画するにしても家族や他人がいると恥ずかしいので会議室を利用したり、家族がいないときにまとめて録画しました。一日に10本くらい録画したこともあります。

とにかく動画が100本になるまで一気に投稿しました。

私は途中で投稿が途切れてしまうと再開できないタイプなので、とにかくやる気になったときにやってしまおうと思ったのです。１か月くらいで100本投稿することができました。

動画編集の方法は調べればいくらでも情報が出てきます。本もたくさんありますからまったく知識がなくても勉強すれば少しはできるようになるでしょう。ですが私はその手間もかけたくなかったのです。

道具を揃えて、撮影方法を勉強して、編集を学んで、とやっていたらいつになっても始められません。１冊だけ基本書を読み込んであとは持っている道具でパっと録画してみました。

使ったのはパソコンのみ。パソコンのカメラとマイクだけです。

いまだにカメラやマイクは買っていませんしライトなども持っていません。Zoom の録画機能を使って撮った動画をそのままYouTubeに投稿しています。

台本なども用意せず、いきなり本番で録画していたので途中で言葉に詰まってしまうこともありましたが、撮り直すことはしていません。完璧に話している姿よりも言葉に詰まったりしている素の自分を見ていただいた方がいいと思うからです。完璧を目指したところで他の人の綺麗に編集された動画には勝てません。

◆道具はいらないけど音には気を付ける

先ほど述べたように私は動画のために新たに機器を買っていません。すでに持っていたパソコンだけで撮影していました。

カメラもマイクもパソコンのものを使いましたので綺麗な画ではないかもしれません。当然ながら綺麗な画の方がよいでしょうが、画についてはそこまでこだわらなくてもよいと割り切りました。私の場合は主にホームページの記事を画面に映しており、自分の顔は小さくしか映っていないので、それほど影響がないだろうとも思いました。

さらに税理士を探している人は画が綺麗かどうかでは判断しないだろうと思ったからです。

それよりも気にしたのは音です。周りの雑音に気をつけるのは当然ですが、自分の声も気を付けました。

私は自分自身が視聴する際に、声が小さく、聞き取りにくい動画だと視聴をやめます。そのため音だけは気を付けて最初から大きめの声で話すように心がけました。通常の会話よりも大きな声で話すので最初は慣れないものですが、そのうち慣れてきます。道具をそろえるならカメラよりもマイクを先に検討した方がよいでしょう。

◆それなりの数の投稿が必要な理由

私は最初に100本の投稿を目標にしました。100本にしたのは単純にキリがいいからです。

100本投稿して思うことは、ある程度の本数は必要だということです。

理由としてはＳＥＯ対策があります。渾身の１本を投稿したところで上位表示されるとは限りません。正直なところ私もどうすれば上位表示されるのかはまったくわかりません。

動画のタイトル、動画の時間なども影響するでしょう。ですが、一体どうすれば上位表示されるのかはわかりません。

何もわからない状態でＳＥＯを考えても仕方ありません。できることとしてはとにかくたくさん投稿して「数を撃てば当たるかも作戦」をするしかないのです。

◆大きなワードで1位を狙うのではなく小さな上位をたくさん取る

数を撃つ最大の目的は小さな上位をたくさん取ることです。

例えば「税務調査」で1位を取ればかなりの視聴数となるでしょうし、視聴数が増えれば問い合わせが来る可能性も高くなるでしょう。1位の影響は計り知れません。

ですが「税務調査」のような大きなキーワードで1位を取るのは至難の業です。上位表示される明確な基準がわからないため、どうすればいいのか試行錯誤を繰り返すしかありません。いくら時間をかけ労力を費やしたところで1位を取れるとは限らないのです。

渾身の力をこめて1位を狙うのは割にあいません。

◆小さいキーワードでもいい

それよりも狙うのは1位でなくてもいいから上位に表示される投稿を何本も取ることです。

「税務調査」ではまったく上位が取れなくても「税務調査　千代田区」であれば難易度は下がります。さらに「税務調査　千代田区　個人」ならもっとハードルは下がります。このように小さなキーワードでもいいので上位表示される動画を何本か作っていくべきです。

「税務調査　千代田区　個人」で検索する人いるのか？　と思われるかもしれません。確かにこのようなキーワードで検索する人は少ないでしょう。「税務調査」で調べる人よりも圧倒的に少数のはずです。ですが、「税務調査」で調べる人と「税務調査　千代田区　個人」で調べる人では質が違います。

「税務調査」で調べている人は単純に税務調査のことについて調べようとしている可能性が高いです。それに対して「千代田区　個人」まで細かく調べている人は、千代田区で税務調査の対応ができる税理士を探している可能性があります。つまり申し込みをしていただける可能性が高いということです。

大きなキーワードで上位表示されるのは大変ですから、より細かいところを狙うべきです。そのためには数を撃つ必要があります。100本より200本、200本よりもっと多くの方がいいわけです。

◆新しい層に向けた投稿

何度も述べているようにYouTubeをやる目的は広告収入を得ることではありません。目的は自分のサービスを売ることです。売るためにはお客様に知ってもらうことが必要となります。お客様の中にはあまり文字を読まない人もいます。何かを調べようと思ったときにＷＥＢ検索をしてブログなどから情報を得る人だけでなく、動画を利用している人も増えています。

ブログなどの記事からではなく、動画で調べる人が増えているので、その層に向けた対策として動画を作るのです。動画の方が文字よりも情報伝達力が圧倒的に多いです。

さらに動画の大きな効果があるのは人柄や雰囲気を伝えられることです。どのような話し方なのかを伝えることができます。無表情、不愛想な感じなのか、楽しそうに話すのか、明るいのか。早口でまくし立てるような話し方なのか、ゆっくり穏やかなのか。怒鳴るような話し方はよくないでしょうが、あまり自分を飾るようなことはしなくてもよいでしょう。

YouTubeに投稿するのは自分を知ってもらうためでもあるわけですから、下手に飾らない方がよいのです。

ただ、わかりやすさは気を付けた方がよいです。短い言葉で話した方が聞き取りやすいでしょう。「ですが」、「ので」などが続くとわかりにくくなります。

ブログなど文章では伝えられない雰囲気を伝えることができますからその点では動画は最高のツールです。

◆ブログの記事の解説を投稿

動画で何を話すかを考えることが大変なのですが、私の場合はホームページの記事の解説を話しています。ホームページに投稿した税務調査に関する記事について実際にお客様に話をするようなつもりで話をしています。

Zoomの画面共有の機能を使って自分の記事を写しその記事にそって話をしています。

そのため台本は必要ありません。噛んでしまうことはあっても、詰まってしまって言葉が出てこないといったことはあまりありません。

私が撮り直しをしないで済んでいるのはこのためです。

まず、ホームページに記事を投稿し、その内容について少し踏み込んで動画で話すといったパターンです。この方法であれば話すネタがないといったことはありません。

◆1本2、3分の動画

動画投稿というと長時間の動画をイメージすることが多いようです。最初は私もそうでした。数十分の動画を作らないといけないと思っていたので、面倒に感じてしまって、なかなか手を付けられずにいたのです。ですが、私が実際に投稿しているのは1本あたり2分から3分くらいの動画です。長くても5分あるかどうかです。

時間が短いので録画も簡単ですし、一日に何本も作成できます。

逆に長い動画ですと、最後まで見てもらえないでしょう。実際に私も長い動画を最後まで視聴することは少ないです。ある程度視聴して知りたいことがおおむねわかった時点で離脱します。

最後まで見てもらえないと思って動画を作っておくべきです。

◆放置しても問い合わせがある

100本投稿したら目標を達成したこともあり、そのまま放置状態になってしまいました。ですが、放置していても「YouTubeを見て連絡しました」と問い合わせをいただけています。このあたりはブログと同じくストックによるメリットでしょう。

自分の動画をみると恥ずかしい気持ちになります。サムネイルは作っていないのでしっかりと作成されている動画と比べるとみすぼらしく感じてしまうのです。パッとみたときに本当に見た目が悪いです。

それでも一定の方は見てくれていますし、問い合わせもいただけます。

道具にこだわったり、編集を学んだりしている時間があるならとにかく投稿してしまった方がよいです。私も100本で止まってしまっているので偉そうなことは言えないのですが、とにかく早く投稿数を増やすことを考えましょう。

サムネイル画像に時間をかける必要はないですし、登録者数や再生時間も気にする必要はないのです。

見た目など気にしなくても自分のサービスを本当に必要としてくれる人は見つけてくれるはずです。

◆動画の方が簡単に投稿できる

私の場合は税務記事を1記事書くのと動画を投稿するのでは動画の方が圧倒的に短い時間で投稿できます。

1動画が2、3分くらいですし、まったく編集せずサムネイルも作成しないからです。

先ほども述べましたが、動画は1日で10本以上を録画したことがあります。日を改めると億劫になってしまうので、やろうと思ったときにまとめて録画してしまうのです。

ですが、ホームページは1日に10記事も書くことはできません。

独立当初に必死に書いていたときでも1日に3記事くらいが限界でした。それ以上は質・量ともに著しく低下してしまうおそれがあり無理でした。

書くことよりも話す方が圧倒的に早いです。

ホームページを音声入力で更新されている方に話を聞いたところ、やはり音声入力の方が圧倒的に早いとのことでした。最初は慣れが必要なようですが慣れてしまえば音声入力の方が効率的のようです。

そのため慣れてくるとホームページの更新よりもYouTubeへの投稿の方がしやすいと感じる方もいるでしょう。

◆YouTubeに投稿している税理士はかなり少数

約8万人いる税理士でブログを書いているのはわずかです。検索すればたくさんの税理士ブログが出てくるので多いように思われるかもしれませんが8万人いることを考えると少数です。

YouTubeに投稿している税理士となるとさらに減るでしょう。

ブログだけ書いている、YouTubeだけ投稿している税理士は少数ですし、ブログとYouTubeの両方やっている税理士となるとさらに少ないでしょう。

やるだけで少数派に入ることができるわけですからやらない手はありません。「○○といえばあの人」といわれるところまでかなり近づくことができます。

さらにはブログでも見た、YouTubeでも見かけたとなれば複数回見てもらうことにもなりますから印象にも残りやすくなります。

「この人よく見るな」と思ってもらえたら大成功です。この分野に詳しい人なんだなと思ってもらえれば依頼してもらえる可能性が高まります。

動画は恥ずかしい、ハードルが高いと感じてやらずにいるのはもったいないです。私も最初は顔を出して話すことがものすごく恥ずかしいことだと思っていました。今でも恥ずかしさはあります。ですが、何本か投稿しているうちに少しずつですが慣れます。今ではなぜもっと早くやらなかったのかと後悔することもあります。

私はカメラもマイクも買わずパソコンだけで動画撮影していますし、スマホだけでもできるでしょう。誰でもできるはずですから動画にもぜひ挑戦してみましょう！

◆自分に合ったやり方を研究してみる

私が動画を始めたときには税理士が投稿している動画をたくさん研究しました。どのような動画が視聴回数が多いのか、税理士がどのような動画を作っているのかを知るためです。

私の場合は投稿するテーマは個人の税務調査と決まっていましたので、あとはどのようなスタイルにするかだけを考えていました。

同業者の動画をみていると落ち込むこともありました。

綺麗に編集されており、話し方も上手いので自分にはできないと思ってしまったからです。今振り返ると比べる必要はまったくなかったのですが、自分には無理だという思いが強くなってきました。

そのような弱気になっているときに見かけたのがスライドを使って説明している動画です。本人の顔も出してはいるのですが顔は右上に少しわかる程度に出ているだけで画面に映っているのは主にスライドに書かれた文字でした。

この動画をみたときに「これなら自分にもできるかも」と思いました。

ホームページの記事を映しそれを説明するような動画にしようと思いついたのです。そこで利用したのがZoomの録画機能です。Zoomでホームページの記事を映し、録画機能を使って撮影しました。

最初は顔出ししなくてもいいかと思ったのですが、小さく顔の画面も出すことにしました。

顔を出すことにしたのは、どんな税理士なのか雰囲気を知ってもらうためです。まったく顔出ししていない動画も見かけましたが、声だけではどんな税理士なのかわかりにくいです。

私はこのような形で自分にあったスタイルを見つけました。

同業者のやり方を研究してみることでよさそうなやり方を見つけてみるのも大切です。

◆それでもブログは必要

YouTubeは一定の効果がありやった方がよいのですが、それでもブログやホームページは必要です。私の場合もYouTubeはあくまできっかけにすぎません。

YouTubeを見て問い合わせしていただく方もYouTubeで私のことを知りブログやホームページを見てくれています。

ブログなどを見てそこから問い合わせをしてくれているのです。

ＳＮＳの利用も同様です。ＳＮＳで発信をしていてもそれだけで問い合わせをいただくのは難しいでしょう。ＳＮＳで興味を持ってもらいブログやホームページを見てもらう。軸となるのはブログやホームページですから、まずはこれらを作るようにした方がよいのです。

◆YouTubeの動画からホームページにも

YouTubeに投稿した動画はホームページにも貼り付けておきましょう。ホームページとYouTubeを相互に行き来できるようにしておきます。

ホームページに記事を書くよりも話すことの方が得意であればYouTubeの投稿に力を入れるのもいいでしょう。先にYouTubeに投稿し、それをもとにホームページの記事を書くのです。

私はホームページ→YouTubeでしたが、YouTube→ホームページの順番にしてみる。YouTubeに投稿した動画の概要をホームページに書くことで立派な記事になります。

文章を書くことが苦手な方は動画をもとに書く方法を試してみましょう。

8 出版を目指す

いかに税理士がセルフブランディングするかを考えたときに、出版は非常に大きな効果があります。ブログやホームページで発信をしているのであれば出版を目指した方がよいでしょう。

「本を出している」というのは思っているよりも大きな効果があります。

私も「本を出されているんですね」と言われることが多くなりました。プロフィールや実績に出版していることを書けることは非常に大きな意味があります。

◆出版の効果

出版しているとまず信用力が違います。「この人は本を出すくらいこの分野に詳しい」と思ってもらえます。

後述しますが、著者だからといってすごい人ではないのですが、一定の信頼を得られるものです。

私も親に出版したことを告げたときには驚かれるとともに誇りに思うとさえ言われました（そこまですごいことではないと思っていたので恥ずかしさもありました）。

仕事に関しては出版してから劇的に依頼が増えたかというとそんなことはありません。正直なところ、問い合わせの件数自体はそれほど変わっていなかったように感じています。

ただ、問い合わせいただくとそのまま依頼につながることは増えました。

問い合わせをいただいてもそのまま依頼になるとは限りません。実際にお話しをした結果、様々な理由によって依頼につながらないこともあります。それが出版した後は、問い合わせがそのまま依頼となることが多くなりました。

最初から依頼を前提としての問い合わせが増えました。それだけ信用力が上がったということなのかもしれません。

◆違う層にアプローチ

出版の効果として今までとは違う層にアプローチできる面があります。

いくらブログやホームページなどで発信していても、そもそもＷＥＢを使わない人には届きません。どれだけ頑張って更新したとしてもＷＥＢではまったく届かない人もいます。

私の両親もスマホは持っていますが、ＷＥＢで何かを調べるといったことはあまりしません。YouTubeやＳＮＳもまったく使っていません。年齢も関係あるかとは思いますが、ＷＥＢからでは見つけてもらえない人もいます。

そのような人たちにアプローチするために本は有効です。書店で見かけることもあるでしょうし、紹介などの場面で「本を出している」だけで信用度が違ってきます。

実際、「本を読んで知りました」と言われたこともあります。本をきっかけに問い合わせをいただくことも出てきたのです。出版することのメリットは

- 信用力

・知ってもらえる

これらが大きいです。

正直に申し上げますと、本を出したデメリットとして忙しいと思われることもありました。お客様から「お忙しいところ申し訳ございません。」と言われることが増えてしまいました。なぜか「本を出す＝忙しい」と思われることもあるようです。

実際のところは本を出すからといって忙しくなることもないですし、仕事量を調整しているので忙しくなりすぎるようなことはありません。

◆誰でも出版を目指せる

もしかすると「本なんて出せない」と思われているかもしれません。

以前は私もそう思っていました。漠然と本を出せたらいいなと思っていましたけど、本当に出版できるなんて思ってもいなかったのです。

ですが、本書の執筆時点で私は3冊（1冊は共著）の出版をさせていただくことができました。ブログを始めた当初は何の特徴もない税理士でしかありませんでした。「税理士」というだけでは出版することは難しいでしょう。

なにかしら知識や経験がないと出版の機会を得ることはできないかもしれません。

ですが、本を出すことができたからといって特別すごい人ではないのです。私自身が著者になって実感しているのですが、実際のところは本を出しているからといって特別ではありません。偉いわけでもないですし特別な存在でもありません。

以前であれば3冊も本があるなんてすごいな、と思ったかもしれませんが今はそんなことないなとわかります。もちろん著者のなかには尊敬すべきすごい人もいます。

「著者」と一括りにするのが恐縮してしまうくらいの大先生もいますが、すべてがそのような人ではないのです。

私のように何ら特徴のなかった税理士であっても出版できることを知っていただきたいです。自身のブランディングのためにも出版を目指してみましょう。

実際に出版するまでのハードルは決して低くはありませんが、出版できたときの効果は大きなものですから目指す価値があります。

◆発信を続けること

本を出すためには出版社から声をかけていただく必要があります。

ではどうやって声をかけていただくきっかけを作ることができるか？

私の場合はブログを毎日更新していたことがきっかけとなりました。

出版社に直接企画書を持ち込むといった方法も考えられますが、同じようなことを考える人はたくさんいるでしょう。そこから実際に出版までたどり着くのは非常に大変ではないでしょうか。

出版社とのツテがあれば話は違うのでしょうが、そのような人は稀でしょう。通常は何もないところから出版の話をいただくこととなります。何もないところからどうやって話をいただくかというのは難しいことなのですが、そのひとつの方法がブログです。

文章を書けるか？

私が一番最初に出版の話をいただいたのは税理士たちの共著の本です。数人の税理士での共著でした。

後で聞いたのですが、著者の数人の税理士を選ぶときに基準として「執筆できるかどうか」を検討されていたようです。

よくよく考えれば当然のことです。本を書いてくださいと言われても書けなければどうにもなりません。依頼する側になって考えれば書けるかどうかわからない人に依頼はしないでしょう。

では書けるかどうかをどうやって判断するか。ひとつの目安となるのがブログです。毎日それなりの文字量のブログを更新しているのであれば書くことはできるはずです。

私はブログとホームページの2つを更新しています。仕事について発信しているホームページは不定期での更新ですが、ブログは毎日更新しています。

ブログは日記のような内容もあるので検索で上位表示されることはありません。PVを増やすことを目的にしているわけではありません。

それでも毎日更新しているのは書く力を衰えさせないようにするためです。

「ブログは毎日更新しなければいけないのか」の項でも説明していますが、私は毎日書くべきだと考えています。その理由は書く力を維持するためです。

文章を書く力があることを示すためにも継続してブログを更新していきましょう。

どんな知識経験があるのか？

文章を書くことができても、どんな内容が書けるのかを出版社に理解してもらう必要があります。

税理士であれば一般的な税務についての知識はあるはずです。そこで、あなたに出版を依頼する理由を見つけてもらわなければいけません。

依頼する理由として、専門知識を持っていることが挙げられます。珍しい知識や経験があればそれだけで価値があります。

私の場合は個人の税務調査を専門にしている税理士が少なかったのでそれで興味を持ってもらうことができました。

節税などのテーマは税理士であれば誰でも書くことができるでしょう。

このような税理士なら誰でも書けそうなテーマだと、よほどのプラスアルファがないと出版するのは難しいと思われます。

今までとはまったく違った視点で書くことができるなど何かしら特徴が必要となるでしょう。

その点、特別な知識や経験があればそれを普通に書くだけで価値が出ます。他に書ける人がいないわけですから。

専門特化した内容をブログなどで日々発信しておくことで出版社の目にとまり声をかけてもらうことができるようになるかもしれません。

どの記事がきっかけになるかわからない

専門特化した内容を記事にしていてもすぐに見つけてもらえるわけではありませんし、どの記事を見てもらえるかもわかりません。まったく予期していないところで見つけてもらうこともあります。

私は個人の税務調査についての記事を中心に書いていました。税務調査に関することだけではなく確定申告に関する記事も書いていました。そのなかでふるさと納税について書いた記事があります。

そのふるさと納税の記事を読んだ記者から取材されてほしいとの連絡がありました。数分間テレビに出るかも、といった内容もありました。

結局、テレビの話はなかったのですが、意図していないところで問い合わせがあったのは驚きました。

それ以外にネットビジネスに関する税務調査、副業の税務調査に関する記事について出版社から問い合わせをいただいたことがあります。

私は「個人事業者」の税務調査をメインに考えていたので副業に関する記事に関心を持たれることに驚きました。副業が認知され始め、本業以外に収入を得る人が増えてきたことで注目されていたようです。そこで、副業に関する税務調査の体験談や注意点を書いている記事が少ないこともあり、出版社の目にとまり興味を持ってもらえたのです。

副業に関する問い合わせについては直接は出版にはなりませんでしたが、編集者さんとのつながりができました。

◆雑誌記事から

副業の記事の問い合わせから雑誌の記事執筆の依頼がありました。出版ではなく税務雑誌への記事執筆です。

出版のときは自分で目次や構成を考えますが、雑誌記事の場合はある程度編集者さんの方から何文字くらいでこういった内容で、と指示をもらいます。

当然、出版に比べると分量は少ないですし報酬も少ないです。それでも出版を目指しているのであれば雑誌記事の依頼は積極的に受けるべきです。

記事執筆の仕事が単発で終わってしまうこともありますが、何より出版社の編集者さんとつながりができるのは大きいです。何もツテがなかったところからつながりができるわけですから大切にしたいものです。

◆ブログに本気で取り組む

興味を持って読んでもらえる記事を書けなければ、出版の話もありません。そのような記事を書くためには本気で記事を書く必要があります。

確かにササッと書いた記事の方が読まれる数が多いときもあります。でも毎回そうではありません。

基本的には書く内容についてしっかりと調べたうえで、どのような順序で書くべきかを考えながら書かないと読んでもらえる記事にはなりません。

何をどうやってどんな順序で書くかを常に考えておくことが、本を書くことになったときに役立ちます。

◆kindle出版してみる

今はkindle出版がやりやすくなりました。

私も試しに自分でkindle出版をしてみたことがあります。何をどうやってどんな順序で書くのかの訓練になりました。

商業出版の場合は編集者さんと打ち合わせしながら進めることとなりますが、kindle出版はすべて自分で考えなければいけません。

kindle出版は通常の本よりも文字数は少ないケースが多いですので、訓練のために取り組んでみるのもいいでしょう。Amazonで検索されたときに表示されるようになるのもメリットのひとつです。

ブログとは違った層にアプローチできる可能性もあります。

編集者さんの目にとまり声をかけていただけるかもしれません。私も最初に出した税務調査のkindle本を編集者さんが読んでくれていたことがあります。kindle出版で稼ぐことは難しいですが、セルフブランディングの観点からは期待できる効果があります。

9 同業者から相談を受けることを目指す

発信で目指すのは仕事の獲得です。お客様に向けて発信することが大切であることはすでに述べました。お客様に向けて発信を続けていくことで同業者の目にもとまるようになります。同業者の研究をしている税理士はたくさんいますから、発信を続けていけば税理士にも知られるようになります。

「あの税理士は○○に力を入れている」と認知されます。

私も同業者の税理士を研究しており、いろいろな「○○に強い税理士」を知っています。資金調達ならこの人、仮想通貨ならこの人、相続ならこの人、といったようにその分野に強い税理士を知っています。

困ったことがあったらその分野に強い税理士に相談できればと考えています。

実際、私も同業者の税理士から相談を受けることがあります。個人の税務調査は経験したことがない税理士も多く、どう対応していいかわからないとのことで相談をいただくことがあります。

同業者から相談を受けるということはその分野に強いと思っていただけている証拠です。理想は「○○といえばこの人」と思ってもらうことです。

「個人の税務調査といえば内田税理士」と認識してもらえればセルフブランディングができているといえるでしょう。「○○といえばこの人」と認識してもらうためにはその分野についての発信を続けていく必要があります。

◆紹介してもらう

多くの人に知ってもらうためには紹介してもらうことも大きな効果があります。ここでいう紹介はお客様を紹介してもらうということではありません。

「この税理士がこんなことをしている」と業務内容などを紹介してもらうことです。

参考にしている先輩税理士に私の本をブログ等で紹介していただけたことがあります。

それをきっかけに多くの税理士に私が個人の税務調査専門として活動していることを知ってもらうことができました。

何度も申し上げているように、仕事の獲得のためにはお客様に向けて発信することが大切です。ただ同業者から相談を受けるような状態を目指すことでセルフブランディングにつながります。それによって仕事の紹介をしていただける可能性もあります。

実際、知人から税務調査の相談を受けたが対応できないとのことで私を紹介していただいたこともあります。

「同業者からも相談を受けている」ことを実績として載せることができれば自身のブランド力があがり、よりお客様の信頼を得ることができるようにもなるでしょう。

第5章

おわりに

◆ＡＩに仕事を奪われる？

しばらく以前から税理士はＡＩによって仕事を奪われると言われ続けています。「ＡＩで仕事を奪われる職業」の上位には必ず税理士が入っています。確かにＡＩによってやらなくなる仕事はあるでしょうが、すべてがなくなるわけではありません。

少なくとも私はＡＩで仕事が減ったとは思っていません。

私は２０１９年が一番仕事・売上が大きく２０２０年、２０２１年と減少しました。２０２２年は２０２１年と同じくらいでした。

それはＡＩによる影響ではなく新型コロナウイルス感染症による影響です。税務調査の件数自体が少なくなり、相談も減ったため、売上が減少しました。

ＡＩが進化することで税理士の数は減っていくかもしれません。ですが税理士が不要となることはないでしょう。ＡＩが得意とする単純作業の仕事はなくなるかもしれませんが、単純作業がなくなる分、それ以外の仕事はこれまで以上に税理士に求められる基準が高くなるかもしれません。

今まで以上に専門的な知識を求められる可能性があります。

本書ではセルフブランディングの手法のひとつとして、専門特化することについて述べてきましたが、それは仕事を獲得するためです。営業のために専門特化することを述べてきたのですが、将来的にはＡＩに仕事を奪われないために専門的知識を身に付ける必要が出てきます。営業が得意で仕事が取れている人もこれからはより専門的な知識が必要になってくるでしょう。

◆税務に関するスキルも大切だけど

ＡＩによって仕事を奪われないようにするために税理士としてのスキルを磨くことは大切です。

よく税理士は資格を取っても一生勉強が必要といわれます。ＡＩは関係なく、学ぶ姿勢が大切なのは間違いありません。

ただ、税務をいくら学んでもそれだけで仕事を獲得できないことは本書で述べました。

今は誰もが気軽に発信できるようになりました。仕事を取るためには税理士としてのスキルだけでなく発信スキルも必要となります。適切な表現かわかりませんが、仕事ができる税理士よりも、発信が上手い税理士の方が仕事を獲得しやすくなるかもしれません。

税務の知識や経験が浅くても、発信スキルが高ければ食べていける可能性があります。いくら税務に詳しくても知ってもらえなければ仕事の依頼は来ないわけですから。

今後インターネットがなくなることはないでしょうし、新たな発信方法がどんどん出てくると思いますので、それに対応しなければいけません。

今はブログやＳＮＳで発信している税理士は少数派ですので、発信をするだけで目立つことができます。

ですが、これからは何らかの方法で発信をする税理士が増えてくるはずです。

そのなかで選ばれなければ仕事を取ることができません。

当然ながら税理士として税務のスキルを磨くことも必要です。税務スキルを専門特化できるくらいまで磨きつつ、発信するスキルも磨いていくのです。

発信のスキルを磨くといっても、それで生活しているYouTuberやブロガーのようになる必要はありません。登録者数、再生時間やＰＶを気にする必要がないことは第４章で述べました。情報を必要としている人に届けること、そして、その人の悩みを解決する内容を伝えることが発信スキルです。

どうすれば必要な人に届けられるか。

どうすればその人の悩みを解決できるか。

税務だけでなくこれらのスキルも必要になってきます。

これらのスキルを磨こうとすると自然と「どんな悩みが多いのか」、「解決するための方法」を考えるようになります。

それを繰り返していくことで自然と強みになり、専門分野といえるレベルにまでなるでしょう。

◆ブログに出会い専門特化して人生が変わった

営業が苦手だから独立を躊躇している。

そんな税理士も多いのではないでしょうか？　私もそのひとりでした。

試験勉強中はとにかく税理士になることに必死で、税理士になった後のことまでしっかりと考えることはできませんでした。

何となく独立できたらいいなと思っていたくらいです。

ようやく試験に合格し、税理士になれた後に待っていたのは営業に関する悩みです。税理士になった後に転職を繰り返したのは、やりたいことがハッキリ定まっていなかったこともありますが、「独立したい」気持ちがあったからです。

いろいろな税理士事務所に勤務しましたが、「独立したい」という気持ちが奥底にあったので、長続きしませんでした。

すぐに独立できなかったのは単純に営業に対する不安があったからです。

独立したい。でも営業できない。

その繰り返しでした。

その状況が変わったのはブログに出会ってからです。ブログを使って発信をして、それで仕事を得ている税理士を見て衝撃を受けました。嫌な仕事をせず、自由に生きている姿を見て自分もこうなりたいと思うようになったのです。

この時点では自分もブログを始めることはまったく想像できませんでした。

ブログはおろかＳＮＳの発信など何もしたことがなかったので、自分が文章を書いてそれを公開することなんて考えることもできなかったのです。

ですが、その税理士のブログやメルマガを読んでいるうちに自分もこんな生き方をしてみたいと思う気持ちが強くなり、ブログセミナーに参加することにしました。

セミナーに参加し、その後に個別にコンサルティングを受け、本格的にブログをスタートすることにしました。

それが２０１４年６月３日です。

大げさではなく本当にこの日が人生が変わった節目となりました。

このときにちょっとの勇気を出してセミナーに参加してよかった。

このときからちょっと頑張ってブログを書き始めてよかった。

本気でこのように思っています。

このときにブログを始めていなかったら今の自分はありません。

今も独立していなかったかもしれません。

ブログに出会って私の人生は変わりました。

特別な知識や経験がまったくなかった私が個人事業者の税務調査専門と活動を始め、出版できたのは間違いなくブログがあったからです。ブログを始める前にはまったく想像すらできないものでした。

今の私があるのは間違いなくブログのおかげです。

第４章でも述べましたが、ブログはオワコンといわれることもあります。

オワコンといっている人はおそらくブログから直接的な収益を得ようと思っている人たちではないかと思います。以前よりもブログの力が落ちているのは間違いないでしょう。アクセスを集め広告収入を得たり、アフィリエイトで稼ごうとしている人にとってはオワコンなのかもしれません。

ですが、私は今でもブログによって仕事を獲得しています。

まだまだブログには可能性があると思っています。

本書ではブログを立ち上げる方法、Google アドセンスやアフィリエイトで稼ぐ方法については書いていません。

ブログを立ち上げる・ブログで稼ぐ方法についての書籍は多数ありますので興味のある方はそれらを読んでみていただければと思います。これらの書籍にはどれも素晴らしいノウハウがありますが、すぐに情報が古くなりますのでできるだけ直近に出版されたものをオススメします。

Google アドセンスやアフィリエイトは他人の商品を売る行為です。そうではなくいかに自分の商品を売ることを考えるか。

今では誰もが気軽に発信できるようになりました。独立に躊躇している人はぜひブログに挑戦してみてほしいです。

話すことが得意な人は YouTube でもいいでしょう。

営業が苦手な人ほど何かしらの発信をしてみていただきたいです。ブログやYouTubeで結果を出すにはそれなりの期間が必要です。

ちょっと書いただけ、動画を数本投稿しただけでは結果は出ないでしょうから、継続が重要となります。

すぐに結果が出ないからやめてしまう人が多いのです。そこを乗り越えて継続しないと望む結果は得られません。

ブログも自分のブランドも時間をかけて育てる意識が必要です。

私が今も開業税理士として活動できているのはブログを更新していることの他に専門特化したからです。

長い時間をかけて自分はこの分野の専門家であると発信し続けましょう。

専門特化して仕事を獲得するための魔法や特効薬のようなものはありません。

専門特化するのは決して簡単なことではありません。大変ではありますが、誰でもできることです。

◆子供に楽しそうに働いている姿を

近年、話題となっているのが税理士受験生の減少です。

２０２２年は若干増えたようで下げ止まったともいわれていますが、以前と比べると減少しているのは間違いありません。

税理士に魅力を感じてもらえなくなっているのかもしれません。

苦労して税理士資格を取る意味を見いだせない、将来に対する不安なども受験生が減少している理由のひとつでしょう。

税理士に将来性があるのかないのかは私にはわかりません。結局は自分次第であると思うからです。

何もしなければ何も変わりませんし、ＡＩに仕事を奪われ周りに流されるしかありません。でも、変えようと思って行動を起こせば変わるかもしれません。

私の今の目標のひとつは子供が「税理士になりたい」と言ってくれることです。それは子供に継がせたいということではありません（継がせられるようなものはありませんので）。

正確にいうと税理士になってほしいということではなく、私の生き方を見て仕事や働くことが嫌ではないと思ってほしいのです。

楽しく自分のやりたい仕事をすることができることを子供に教えたいのです。

楽しそうに生きている姿を感じてもらえたら嬉しいなと思っています。

税理士って自由に働くことができるんだということを知ってもらいたい。

税理士でなくてもいいのですが、自分の好きに生きることができる道があることは知ってほしい。

子供には営業に苦労して毎日ため息ばかりであったり、不満を言いながら嫌々働いている姿を見せたくはありません。

私が発信を続けているのは

- 専門性を磨くため
- よりよい生活を送るため

これらのためでもあります。

よりよい生活は経済的なことだけではなく、好きな人たちと好きな仕事をすることです。繰り返し述べているように、私はブログと専門特化することによってそれが可能になりました。

税理士には好きに生きることができる可能性があることを示していきたいです。

子供にはもちろんですが、ブログなどを通して税理士のよさを伝えていければと考えています。

専門特化することで今の生き方を変えることができる可能性があります。

発信すること・専門特化することの両方を一気に進めるのは大変です。

今の現状に不満や不安があるなら、まずはどちらかを少しずつ進めてみるのはいかがでしょうか？

いきなりブログを始めることに抵抗があるなら毎日ＳＮＳに投稿してみるといったことでもいいでしょう。YouTube でもいいです。

昔の自分にアドバイスできるとするなら「少しでも早く発信を始めろ」と言いたいです。

面倒に感じたり恥ずかしがったりしているのは非常にもったいない。

何もやらなければ何も変わりません。

サービス・インフォメーション

通話無料

①商品に関するご照会・お申込みのご依頼
TEL 0120(203)694／FAX 0120(302)640

②ご住所・ご名義等各種変更のご連絡
TEL 0120(203)696／FAX 0120(202)974

③請求・お支払いに関するご照会・ご要望
TEL 0120(203)695／FAX 0120(202)973

●フリーダイヤル(TEL)の受付時間は、土・日・祝日を除く9:00〜17:30です。

●FAXは24時間受け付けておりますので、あわせてご利用ください。

「強み」を活かして顧客をつかむ！
あなたにもできる
税理士のためのセルフブランディング実践ブック

2023年3月15日　初版発行

著　者　内　田　　敦
発行者　田　中　英　弥
発行所　第一法規株式会社
〒107-8560　東京都港区南青山2-11-17
ホームページ　https://www.daiichihoki.co.jp/

税理士セルフ　ISBN978-4-474-09176-4　C3034　(0)